はんらんする身体

香山リカ
下斗米淳
貫 成人
芹沢俊介

専修大学出版局

はじめに

この本は、〝若者たちが見えない…？〟というコンセプトのもとで、専修大学出版企画委員会が企画した二冊目の本である。（ちなみに、一冊目は、私探しをテーマにした『私という迷宮』（二〇〇一）である）。そして、この本のテーマは、身体の反乱であり、身体の氾濫である。

そう遠からぬ昔、『悲鳴をあげる身体』という、若者の戸惑いに寄り添って書かれた好著があった。その主題は、言葉を信じられなくなったかのような「身体」の「悲鳴」である。その前書きの核は、大略、こう始まる。

なにか身体の深い能力、とりわけ身体に深く浸透している知恵や想像力、……あるいはそういう身体のセンスが、うまくはたらかないような状況が現れてきているのではないか。そんな身体から、なにやら悲鳴のようなものが聞こえてくる気がする。……化粧や食事といった、本来ならひとを気分よくさせたり、癒したりする行為が、……自分の身体への暴力として現象せざるをえなくなっている。

こう書きはじめた著者・鷲田清一は、すぐ続けて、芹沢俊介が若者のピアスにかんして次のように述べている、と彼の文を引用していた。

気になることというのは、彼らが自己の体に負荷をかけ続けることで、自我の脱落という感覚を手に入れている点である。……自己の体への小さな暴力……によって、精神的な報酬を得る。

こう感じた芹沢俊介は、続ける、「私には、これが宗教に近い……ように映る」と。

この小著が出たのは、ほんの六、七年前である。しかるに、この、ほんの数年のあいだに、私たちは、得体のしれない奈落の底に向かって、加速度的に滑り落ちているようだ。芹沢が当時「自己の体への小さな暴力による精神的な報酬」と看取したものは、いまや香山リカの言葉によれば「ひっそりと人生という舞台、世界という舞台から降りてしまう、命がけのサイレント・パフォーマンス」として、少なからぬ自傷・自殺になっている。

ここには、理不尽に導入された競争原理の暴力が、より弱く、より繊細な部分への微視的な暴力へと微分され、不可視化されるという、なんとも形容しがたい出来事の累積がある。それは、いち早く近代化しグローバル化したイギリスの炭坑において、ガスを検知するために、カナリアが坑内に持ち込まれたかのように、である。

にもかかわらず、皮肉にもというのには、いささか深刻すぎるが、「身体」・「パフォーマンス」という言葉は、一方では、中産階級の初老男女の「シャル・ウィ・ダンス?」ふうに、他方では、著名なダンスチームのコピーで群がりつつ四年生になるとリクルート・スーツだけになるキャンパス・ダンサーズふうに、若干の余裕があるがゆえの、凡人との差異化のキャッチともなっている。

そうだとしたら、一応はそれぞれに専門をもった大人は、状況を俯瞰して学術的に説明するだけなのでもなく、さりとて、微視的なエピソードを綴り続けるだけでもなく、それぞれの持ち味を生かして、この状況について、かつ、この状況に搦《から》めとられている（かも知れない）若者に向かって、なにか言えないだろうか？　この本は、そうした志によって書かれた。

もし、あなたが、あるいはあなたにとって大切な人が、「命がけのサイレント・パフォーマンス」は他人事でない、と感じているのなら、あるいは、あなたが「言葉で語ったところで、しょせん……」と引きこもりがちになっているとしたら、ぜひ、この本を読んでいただきたいと思う。

（専修大学出版企画委員会・委員長）

目次　はんらんする身体

はじめに

若者とパフォーマンス　香山リカ　1

装幀　向井一貞

若者とパフォーマンス

香山リカ

自我のありかたとパフォーマンスの変化

若者は、変わったのか。

時代を経ても繰り返し論じられるこのテーマであるが、答えは永遠に出ない。それは、ひとりの人間が自分の目で「若者の変化」を観察できるのはせいぜい数十年間であるから、さらに自分もその間、加齢しているので「定点観測」が不可能であるから、という大きな制限によるところが大きいのは言うまでもない。

そのことを踏まえてあえて言おう。自分が精神科医となってからのこの一五年ほど（つまり自分が二〇代半ばすぎの〝若者〟から四〇代半ば前の〝中年〟に至るまで）の観察の結果、私は「若者は変わった」と思うのである。

では、どう「若者は変わった」のか。

結論から言うと、彼らはどうしようもないほどの「生きづらさ」を抱えるようになったのだ。それは、彼らの現実の生活――成績や家庭環境、経済的水準、恋人の有無など――に直接的には関係がない。そしてその結果、彼らの自我のありかたも、その結果、表出される目に見える言動――いわゆるパフォーマンス――も変わった。

とはいっても、日本の若者だけが変わった、生きづらくなった、と言いたいわけではない。あえて言うなら日本の若者は、〝世界に先駆けて〟変わったのだ。

二〇〇五年になって、海外のジャーナリストからいくつかの取材依頼が舞い込んだ。テーマは、「cyber suicide」あるいは「online suicide」について。いわゆる「ネット心中」と呼ばれるインターネットで志願を募って行われる集団自殺について解説してほしい、というのだ。

この「ネット心中」を遂げた若者は、警察庁の調べで判明しただけでも二〇〇三年は一二件三四人、二〇〇四年は一九件五五人、二〇〇五年は八月末時点で二七件七五人にのぼり、既に前年を大きく上回っている。海外のジャーナリストたちは日本のこの状況を「異常」「病的」と考えて精神科医に取材を申し込むわけだが、その中のひとりであるイギリス人ジャーナリストはこう言っていた。

「知り合いでもない若者たちがネットで意気投合して自殺するなんて、私には考えられない。多くのイギリス人もそうでしょう。しかし、これを〝日本でだけ起きている異常なできごと〟と見ているわけにはいかなくなったのです。実はイギリスでも先ごろ、『ネット心中』と同じ方式の集団自殺事件が起きました。そして同じような事件は、アメリカやオーストラリアでも散見されるのです。これは、日本だけの現象ではないのかもしれません。世界中の若者が直面しつつある問題に、日本の若者は一歩先に向き合ってしまっただけ、とも考えられます。だからこそ私たちは、〝日本の若者はなぜ？〟とこの問題に関心を持つのです。決して他人事として眺めているわけではありません。」

ネットが関与する集団自殺事件

この「ネット心中」のきっかけになったのは、一九九八年にドクターキリコなる人物がネットで知り合った人に毒物を送って自殺者を出した事件だと言われる。今ではいささか旧聞に属するこのドクターキリコ事件だが、現在の「若者の変化」を考える上では、いまだに重要なできごとだったと思うので、後にやや詳しく述べてみたいが、ここでは事件のあらましだけを時系列に従って並べておこう。

・一九九八年　七月二九日　ドクターキリコこと「草壁竜次」から青酸

カリを受け取った足立区の主婦が服毒自殺
・一九九八年一二月一五日　ドクターキリコ事件で草壁から青酸カリを受け取った杉並区在住の女性が服毒自殺
・一九九八年一二月一五日　ドクターキリコ事件の主犯、草壁竜次が服毒自殺

ドクター・キリコ事件から四年たった二〇〇二年一〇月には、東京・練馬区で男女二人が練炭による一酸化炭素中毒で自殺を遂げた。無職男性と会社員の女性には面識はなく、自殺志願の若者が集まるインターネットの掲示板で知り合ったといわれる。おそらくは、これが正確な意味での「インターネット心中」の第一例であろう。

その後、二〇〇三年二月一一日には、埼玉県入間市の無職男性（二六歳）がインターネット上で自殺志願者を募り、川崎市の無職女性（二四歳）、船橋市の無職女性（二四歳）とともにアパートの一室で練炭自殺を遂げた。男性はネットに「練馬の男女の自殺が理想」という書き込みを残していた。

その後も、同年三月だけで六例ものインターネットが関与した集団自殺事件が起きている。

・三月　五日　三重県津市　男性一人、女性二人
・三月一六日　山梨県上九一色村　男性三人、女性一人（未遂に終わり、全員意識回復）
・三月一七日　徳島県上板町　男性一人、女性二人
・三月一八日　大分県湯布院町　男性二人、女性一人
・三月二六日　大阪府和泉市　男性一人、女性二人
・三月二九日　宮城県古川市　男性一人、女性二人（通報され保護）

既遂例のほとんどは、公園や山道、神社境内などに停めた自動車で七輪を使って練炭を燃やしての一酸化炭素中毒死だ。
そして、二〇〇四年一〇月には男女七人がワゴン車内で練炭自殺するという事件も起きた。当日の新聞記事から引用しておこう。

車内に男女七人の遺体、集団自殺か？　埼玉・皆野
一二日午前六時過ぎ、埼玉県皆野町皆野、美の山公園観光道路脇の駐

車場で、ワゴン車の車内から男性四人と女性三人の遺体が見つかった。県警秩父署によると、いずれも一〇代から二〇代とみられる。目立った外傷がなく、車内に数通の遺書があり、練炭四つが置かれていたことなどから、集団自殺とみて調べている。

調べでは、一一日午後五時五〇分ごろ、札幌市に住む男性から「友人から『今、皆野町にいる。車内に七人いて、練炭自殺した』というメールが届いた」と、同署に通報があった。同署が捜索したところ、一二日朝、車を発見した。車は品川ナンバーのレンタカーで、窓はビニールテープで目張りされ、練炭が前部座席に一つ、後部に三つ置かれていた。運転席に女性が一人、二列目の座席には男性一人を挟んで女性二人、三列目の席で男性三人が死んでいたという。同署は七人の身元を調べている。

通報した男性（二一歳）は朝日新聞の電話取材に応じ、自殺をほのめかすメールを送ってきたのは北海道出身の友人の男性（二一歳）で、死亡した七人のうちの一人ではないかとしている。前日にも「今から死ぬ」という電話があったが、その時は場所などを告げなかったという。

自殺したとみられる友人は以前からインターネットの自殺サイトを見ていたという。通報した男性は集団自殺するような知り合いに心当たりはなく、「(友人は) 自殺サイトで知り合ったのではないか」と話した。
(二〇〇四年一〇月一二日　朝日新聞)

喪失感とあきらめの連鎖

その後、この集団自殺事件で中心的立場を演じた三〇代の女性は、人気ロックグループリーダーの前妻でひとり娘がおり、本人もマリアという芸名でミュージシャンとしてメジャーデビューした経歴の持ち主であったことが明らかになった。

彼女は、「死にたい症候群」という名のホームページを開設し、「多重人格障害（一二人）と診断される。てゆうか、バレる」とつづり、幼少時代に父親から受けたという暴力などつらい過去も告白している。このホームページには固定ファンも多くおり、そのひとりは彼女の自殺を知ったときの心境を自分のホームページでこう記している。

「もうマリアはいない。

また大切な物をひとつ喪ってしまった。」

ここにあるのは、悲しみや怒りではなく、「また大切なものがなくなった」という喪失感、そして絶望感やあきらめの感情である。悲しみや怒りであればそれは次の生産的な行動につながる可能性もあるが、喪失感やあきらめは静かに連鎖するだけでなかなか次の行動にはつながらない。

多くの人は疑問に思うだろう。

なぜ、離婚の痛手があったとはいえ大切な娘もおり、ミュージシャンとしてあるいは人気ホームページの書き手として活躍していた〝マリア〟が死を選ばなければならなかったのか、と。

こういう中、自殺志願の掲示板を規制する声も高まっているが、規制だけでは孤独感や疎外感から絶望している若者を自殺から救うことはむずかしいと考えられている。

取材を通して〝マリア〟と交流があり、『男女七人ネット心中——マリアはなぜ死んだのか』(新紀元社、二〇〇五年)を出版したジャーナリストの渋井哲也氏は、〝マリア〟の自殺を食い止められなかったことを悔やみながらも、インタビューに答えてこう言う。

「ネット心中を止めることは正直、難しいと思います。でも、大切なのは、根本的な自殺防止策です。それに自殺を止めることだけではない。止めた後に、その人とどうかかわるのか。『生きづらさ』を抱えた人とどうかかわっていくかが、実はとても大切だと思っています。子供は、家庭や学校で自分の悩みを話すことができない、もしくは話しても無視されるという理由から、インターネットでのコミュニケーションに行ってしまう傾向があります。なので、子供がインターネットで他者と対話することは、いい悪いという問題ではありません。いい方向にいくかどうかは、どんなコミュニケーションをしているか、です。そのためには、相手を選ばないといけないですね。相手が顔見知りであっても、ネガティブな会話ばかりしてしまうと、そこから抜けだせなくなってしまいます。」

つまり、渋井氏は、いくら多くの人に注目され、活躍していたとしても、〝マリア〟は乗り越えがたい「生きづらさ」を抱えていた、と言うのだ。そしてそれは、〝マリア〟に限らず、今を生きる多くの若者にも共通のものだと言っている。

そう言われても多くの人はなお、思うだろう。

――こんなに豊かで自由も与えられているこの時代、「死」を選ばなければならないほどの「生きづらさ」を抱えている若者など、本当にいるのだろうか。彼らはただ甘えているだけではないのか。彼らがもし本当に「生きづらさ」を抱えているのだとしても、なぜそれをバネに前向きな行動に踏み出そうとしないのか……。

「生きづらさ」の前に若者の前に出現したのは、「現実感」の変容だ。もちろんこれは若者だけに限ったことではないが、その影響をいちばん受けたのは、人格形成途上にある若者だということは明らかだ。

では、「現実感」の変容は若者の心や「自己のあり方」——ここでは「自己」ということばを使おう——にどういう影響を与えたのだろう。

結論から言えば、これまで「ひとつのまとまりを持つもの」と言われた「自己」が統合されたものではなくなり、深みを失って表面化し、さらには常にだれかとの濃密な二者関係、人々の視線の中、ネットという漠然とはしているが必ずだれかが自分を識別してくれる世界、といった何らかの関係性の中で、その都度、分離生成を繰り返すような断片的なものになったのだ。

ネットの中で、〝マリア〟が「私は十二人格」と告白していたことからもそれは明らかなはずだ。

おそらく、世界の「現実感」が変わり始めたのは、テレビをはじめとするメディアや飛行機をはじめとする高速交通の著しい発達の恩恵を一般の人々も享受できるようになった頃――アメリカで考えれば第二次世界大戦の前後、日本で考えればいわゆる高度成長期前後――からだろうか。そしてその変化が私たちのそれまでの「現実感」を根底から覆すほど日常を深く侵食するようになったのは、大雑把にとらえれば九〇年代半ば以降、メディアの発達史で考えれば「ウィンドウズ95」が発売され、一般の人たちも気軽にインターネットを利用できるようになった前後あたりから、と言えるのではないだろうか。

だから、その九〇年代半ばにすでにある程度、「自己」が確立していた世代の人は、身の回りで起きた「現実感」の変化が「自己」のあり方そのものを変えるまでの事態には至らなかったはずだ。ということは、九〇年代にまだ「自己」が確立していなかった世代――つまり八〇年代以降に生まれた人たち――は、「現実感」の変化が直接、自己形成、人格形成に何らかの影響を与えていると考えることもできるはずだ。

だから、関係性の中、視線の中でしか成立しない「自己」しか持ち得ない若者について語る前に、まず私たちは「現実感」の変化について、少し考えてみなければならない。その話から始めよう。

〝傍観者〟から〝当事者〟へ

二〇〇一年九月一一日。アメリカで、世界を震撼させる同時多発テロ事件が起きた。アメリカのブッシュ大統領の「これは自由対テロの戦い、世界は今や反テロ支援かテロリストか、に二分された」という演説を待つまでもなく、その日から世界はすっかり変わってしまった。「反テロかテロか、どちらでもない」「態度保留」という第三の選択は許されていない。つまり、世界のどの国として、あるいはだれひとりとして、この事態の〝傍観者〟でいることは許されなくなったのである。

日本や日本人にとっても、それは同様だろう。今や私たちは、〝傍観者〟であることをやめ、〝当事者〟として事態のただ中に巻き込まれていくことを迫られているのである。

しかし、実際はどうだろう。

現に、数行前に私が記した「今や私たちは、〝傍観者〟から〝当事者〟にならなければならない」といった文章からリアリティを感じ取った人は、どのくらいいるだろう。あるいは、史上まれに見る高支持率を誇る小泉首相が、テロ発生直後に高揚を抑え切れない口調で「日本もテロに立ち向かうために、できるだけのことをする！」と記者団に向かって言い放つ図に、強いリアリティを感じた人がどのくらいいるのだろうか。逆に、その姿を見ながら「テレビドラマのようで、現実味がまったくない……」と感じた人もいるのではないだろうか。

その一年後。二〇〇二年九月には、歴史的な日朝首脳会談が北朝鮮の平壌市で行われた。しかし、それは日朝国交正常化への始まりではなく、拉致問題の表面化への始まりであった。

拉致問題は確かにあった、と認めた北朝鮮側は、そのうち半数以上の八人はすでに死亡したが、五人は今も生存していることを発表。二四年ぶりの五人の帰国。肉親との感動の再会。「死亡した」と告げられた被害者家族の憤りと、一向に進

マンハッタン　9.11

まないその後の調査や生存者の家族の帰国……。衝撃的な報道が続き、その都度、私たちはテレビの映像を見ながら、「北朝鮮の態度は許せない」とその国への怒りをあらわにした。しかしそれは、「もし私の家族が拉致されていたら」といったきわめて私的な範囲での想像に基づく怒りであることも、私たちは認めざるをえない部分があるのではないか。「今こそ国際情勢の中で日本に期待されていることを見極め、両国間の悲しい歴史を認識し、日朝国交正常化につとめるべきではないか」といった論調の社説や記事などを載せた新聞、雑誌はことごとくバッシングされた。

これを、「拉致問題で、日本人も失いかけていた現実感を取り戻した」と考えることは間違いだ。もちろん拉致そのものは許されることではなく、政府は一日も早い解決に向けての努力を怠るべきではないと思うが、それに対してごく等身大の範囲の想像で感情的にしか反応できない、というのもやはりまた「(従来の)現実感の喪失」だと言えるのではないだろうか。なぜなら、「現実」とは「ごく身の回りの世界」のことだけを指すのではないからだ。

「現実感」の喪失と離人症

現実感がない。自分が世界やできごと、さらには自分自身にとっても〝傍観者〟だとしか思えず、〝当事者〟だという意識が持てない。

この感覚が強まりすぎて日常生活にまで支障を来たした状態を、精神医学では「離人症」と呼ぶ。ここで「離人症」について、若干の説明を加えよう。

離人症の最初の症例は、フランス人の医師クリシャベールが一八七三年に著した『脳・心臓性神経症』という本に記載されたとされるが、一九一一年に離人症という命名を行ったのは哲学者のデュガだといわれる。この経緯からもわかるように、「私が私である」「この世界は現実である」という自己意識、世界意識が損なわれる離人症は、最初から医師だけではなくて哲学者や文学者からも注目される問題だったのである。

今、世界で最も広く使用されている精神医学の診断基準である、米国精神医学会による「精神障害の診断と統計のための手引き（ＤＳＭ）」の最新バージョン（第四版）から、離人症の中核症状である「離人体験」を定義した部分を引用してみよう。

（１）自己の精神過程または身体から遊離し、あかたも自分が外部の傍観者であるがごとき感情の体験。
（２）ロボットとなったような、または夢の中にいるような感情の体験。

ここでは、離人体験は身体意識と内界意識に限ったものとして説明されているが、日本の精神医学では伝統的に、「現実感の喪失」「外界との疎隔感」という外界意識の離人体験についても重視して考えることが多かった。言い回しはやや難解なのだが、日本の精神病理学者である木村敏氏による離人症の定義を紹介しておこう。

(1) 自我とか自己とかいわれるものの変容感ないし空虚感、あるいは消失感。自己の体験や行動に関する自己所属感ないし能動性意識の喪失。感情の疎隔感ないし消失感。
(2) 自己の身体を含めた対象知覚界の変容感ないし疎隔感。対象の実在感の希薄化ないし喪失。非現実感。美意識、意味意識の消失。
(3) 時間体験と空間体験の異常。充実感と連続感の喪失。

これだけを読むと、「私が私である」「これが現実である」という人間の精神の根底を支える感覚がすべて崩壊しているようにも思えるが、重要なのは離人症では知的能力や判断力などは正常に保たれ、また「そういう自分は何かがおかしい」という違和感は強烈に残っているということだ。つまり彼らは、自分にも身体にも外界にもリアリティを感じられず、すべてのものやできごととの間に一枚、膜ができてしまい、いつも〝傍観者〟でしかいられないという事態に、大きな苦痛や奇妙さを感じている。

「これが現実だ」というヒリヒリしたリアリティを感じ取る感覚は鈍麻しているのに、「現実だと感じられないのは異常だ」と感じる感覚はむしろ鋭敏になっている。このパラドキシカルな感覚の二重性も、また離人症者たちの大きな特徴だと言われている。

典型的な離人症者の訴えは、こういう具合だ。

「自分というものが感じられないのです」「今ここで話しているのが本当の自分とは思えない」「感情というものが生き生きとわいてこない」「自分のからだが自分のものではないみたい。なんだか操作しながら動いているみたい」「友だちや家族を見てもだれだかはわかるが、親しみというものがわいてこない。好ききらいもわからない」「悲しいことや楽しいこともぼーっと見ているだけ、泣いたり笑ったりはできるが、演技しているみたい」「自分とまわりのあいだにカーテンがかかっている。自分はその外からしかまわりを見ることができない」「学校や家で話していても、ドラマや映画のセットにいるみたい」「今が夢なのか現実なのか、ピンとこない」「きれいな景色を見ても絵か写真を見ているみたい。それが現実のものだとは思えない」「胃の中がからっぽとか足が冷えているとはわかるけど、おなかがすいたな、寒いなといった感じがわいてこない」「話したり仕事したりしている私を、どこか遠くにいる私がじっと見ている」……。

バーチャルな世界のリアリティ

離人症は精神医学的には、解離性障害というさらに大きなカテゴリーの中のひとつに分類される。解離性障害そのものについては、若者の「自己のあり方の変化」とも大きくかかわってくることなので説明を後にまわしたいが、九〇年代以降、マスコミを騒がしたいくつかの事件の容疑者の精神鑑定で、この「離人症状などを主体とする解離性障害」という診断が下されるケースが目につくようになった。

たとえば、神戸の連続児童殺傷事件の少年、西鉄高速バス乗っ取り事件の少年、また奈良で長女に毒物を点滴していた看護婦の精神鑑定においても、この診断名が登場した。

たとえば二〇〇〇年五月にバスジャック事件を起こし、ひとりの婦人を殺害した少年の審判では、この精神鑑定の結果が全面的に受け入れられ、少年は医療少年院に送致されることになった。報道で伝えられた鑑定結果によると、少年は「自分が自分であると思えない感情が持続する解離性障害」を呈していたとされる。そして、犯行の直接の原因は、「自分の存在感を確認するため」だったとも言われた。

先にも述べた通り、離人症者はいずれも「自分が離人状態にあること」に大きな苦痛を感じている。「実感がわかない」「ピンとこない」と訴えながら彼らは、「実感を手に入れたい」「これが自分だ、これが現実だと思いたい」と願い、ときにはあせりを感じているのである。あるいは、実感や現実感の乏しさを理解してくれる人や場を求めたり、膜のようなもので隔てられたリアルな世界への突破口が見つかる機会をさがしたりしている。バスジャック事件の容疑者である少年にとっては、いったんはインターネットの世界が〝苦しい自分〟の受け皿となったようだ。ネットといういわゆるバーチャルな世界で、現実の世界でも手に入らなかった「自分であること」「これが現実だということ」の実感を取り戻そうとする、というのは、おかしなことに聞こえるかもしれない。しかし、ネットやゲームの世界こそが、ある種の熱い感情やヒリヒリするほどのリアリティの場になっているというパラドクスは、多くの人にとって体験ずみのことなのではないだろうか。

すべてがモニター内の文字と数字、画像だけで淡々と進行するかに見えるインターネットはドライでクールなメディアかというと、実はそうではないのだ。二〇〇〇年前後に相次いだホームページでの企業告発事件を見てもわかるように、インターネットの世界に向かい合ったとたん、本人も意外に思うほどの怒りや憎しみといった最も生々しい感情が湧き出て、抑制がきかなくなることもある。日頃、物静かな人から思いがけず、激しく　感情的な口調の電子メールが届き、驚いた経験を持つ人も多いだろう。

二〇〇〇年一月に出版された『あなたが怖い』（楠本乃梨子著、メディアファクトリー刊）は、「インターネット・ホラー小説」と銘打たれた短編小説集だ。登場人物たちはインターネットを使いながら、電子の世界の中で静かにひそやかに他者への嫉妬や恨みの感情を増幅させ、ついにはそれを行動に移す。しかし、今やそれは、ホラー小説の域にとどまっている話ではない。

インターネットと〝古い文化・感情〟

もしかすると多くの人たちにとっては、なぜインターネットがそういった非・理性的でしかもマイナスの感情と結びつくのか、理解できないかもしれない。インターネット関連の会合に出席すると、いまだに「ネットのユーザーは知的で文化的意識も高い人たち」と信じ込んでいる企業経営者や官僚が多いことに驚かされる。

しかし、たとえば先端的な企業のビルの屋上にお稲荷さんがあったりする例からもわかるように、とくに西欧的な絶対神を持たない日本では、不可知な力を秘めたハイ・テクノロジーはいつもそれとは対極にある原始的な感情やオカルト的な思考と密接に結びついてきた。その中でも強く〝人と人との結びつき〟を感じさせる技術であるインターネットが、私たちの中に眠っていたドロドロした感情を刺激して目を覚まさせても、何ら不思議はない。

実際には、あえてそう指摘する以前に、ネットと〝古い文化・感情〟はあちこちでごく自然に結びつきを見せている。こんな例を体験した。

何年かぶりで会った知人は、インターネット関連の会社を起こし業績も順調に伸びている、と意気揚々であった。「これ新しい会社の」とさし出した名刺の名前が記憶にあるものと違っていたので首を傾げる私に気づき、彼はこう言った。

「ああ、前の名前だと画数がビジネスには向いてないらしいんで、改名したんだよ」

ネットビジネスにかかわる人間が姓名判断を信じているということにも意外な印象を受けたが、それに続く言葉は私をさらに驚かせるものだった。「インターネットの占いサイトで調べたんだ。名前の鑑定なんかタダで簡単にできちゃうからね」

検索すると、同様のサイトは膨大な数に上った。大手プロバイダーのSo-netが主宰するホームページでも、人気コンテンツの第一位は、「占い」だそうだ。

インターネットと姓名判断や占い。最先端テクノロジーによるシステムと古くからの知恵によるシステム。一見、対極にあるようなふたつのシステムが密接に結びつき、利用者も何の違和感もなくそれらを利用している。この奇妙な構図はいったい何なのだろう。

そういえば、二〇〇〇年に放映されたNHKの朝の連続テレビ小説『あすか』にも、インターネットがやや奇妙な形で登場していた。伝統的な和菓子屋を再建しようと奮闘するヒロイン・あすか。そこにやって来た知人のマイケルのすすめに従って、インターネットのホームページで和菓子の企画を公開することになる。世界中から続々と届く励ましの電子メール。あすかは、人と人とをつなぐインターネットはどこか老舗の商売と相通じていることを実感する……。ここでもまた、合理的なはずの技術と合理性を超えたところで成り立つ伝統的な技能とが、すんなり結びついているのだ。

さらには二〇〇一年に芥川賞を受賞した現役僧侶・玄有宗久の『中陰の花』でも、主人公の僧侶はインターネットを駆使して「霊能者」や「超能力」の情報を集めていた。

インターネットとサブカルチャー

もちろんインターネットや、さらにさかのぼってパソコンの歴史を振り返れば、それがもともと中央集権的な科学システムや官僚主義的な合理性を否定した人たちにより始められたものであることは、すぐに明らかになる。そもそもパソコン、つまりパーソナル・コンピュータというネーミングからして、そこには「国家が管理するスーパーコンピュータではなく、あくまでも自由な個人のものである」という反体制的なメッセージを読み取ることが可能だ。

実際、初期のパソコンに飛びついてそれを大衆に普及させたのは、ヒッピー文化やドラッグ・カルチャーの影響を色濃く受けたアメリカ西海岸の青年たちであった。マッキントッシュの製造元であるアップル・コンピュータ社はふたりの大学生がガレージで始めたとか、最近、株価が一億円を突破して世界を驚かせたヤフー社はふたりの大学院生が自分たちのために検索システムを作ったのが始まり、といった〝伝説〟はいくらでもある。そう考えれば、パソコンやインターネットが科学を超えた精神世界や変幻自在でややいかがわしいサブカルチャーと〝相性がよい〟のは生まれつきのことであり、何ら不思議ではないのかもしれない。

とくにインターネットでは、全世界を覆いつくす壮大なシステムであるにもかかわらず、管理者を置かないという初期の原則が現在のところは律儀なまでに守られている。だからよけいに、一般的なメディアでは発信しにくいような情報を伝えたい、知りたいという人たちが集まりやすくなるわけだ。たとえば、多くのカルト教団がインターネットのホームページによって布教活動を行ったり信者を集めたりするのは、こういった現実的な理由もあってのことなのだろう。

二〇〇一年の同時多発テロ事件に関連したことでいえば、アメリカ国内に潜伏していたテロリストたちは、公立図書館のパソコンを利用して匿名性の高い無料電子メールアドレスを使って連絡を取り合っていた、との情報もあった。管理・支配を受けない自由で開かれたネットの〝恩恵〟は、テロリストたちにも与えられてしまったわけだ。

また、もっと本質的な観点からこの問題を分析している人たちもいる。思想史学者のバリー・サンダースは著作の中で「私たちは、複雑な機械の中の内部で何が起こっているのかまったく知らないままに、コンピュータのキーを叩くことになれている。私たちの多くにとって、コンピュータは何か超人的なもので、機械のなかの神である」と述べ、さらに「コンピュータは幽霊でもあり天使でもある」と言う（『本が死ぬところ暴力が生まれる』杉本卓訳、新曜社、一九九八年）。

つまり、「理解はできないが人智を超えたもの、畏怖と崇拝の対象になるもの」という意味において、コンピュータと宗教やオカルトはとても近いものなのだ。

先にあげたネットでの姓名判断に従って名を変えた人の場合も、これらの考えで説明がつくだろうか。大体はあてはまるが、疑問が残らないでもない。彼はヒッピー文化にそまっているわけでも、コンピュータを神とおそれているわけでもない。おそらく軽い気持ちでインターネット姓名判断を行い、「別の名前の方がもうかるかな」と名前を変えてみただけに見えた。その姿はどこか、それほど信心深いわけでもないのに正月には神社に出かけて、「家内安全、商売繁盛」と手を合わせる〝ふつうの日本人〟と重なるものだった。つまりそこにあるのは、神を絶対的な存在と畏れるのではなく、現世的なご利益を与えてくれるものとして親しむ態度である。

ネットが本質的に宗教やオカルトと親和性を持ちやすいことに加え、万物に〝やおよろずの神〟を見ようとする日本人は、より一層、その力に期待し、〝ご利益〟を求めようとしがちなのかもしれない。そして、そもそもインターネットが管理者という〝絶対的な神〟を持たず、ピラミッド構造を作らない拡散した世界であるとするなら、インターネットさえ現世利益の対象だと見なしてしまう日本人の態度というのは、あながちこの新しいメディアの本質から大きくずれたものではないはずだ。

フレーミング現象

また、ネットの中でもとくに電子掲示板やリアルタイムで行われる対話、つまりチャットでしばしば中傷や批判が延々と続き泥沼状態になるフレーミング現象については、すでに社会学的、精神医学的な研究も行われつつある。

もちろん、だれもがすぐに考えつくのはネットの世界では原則的に「匿名性」が保たれ、一種「言いたい放題」「言ったもの勝ち」の雰囲気が形成されつつある、ということだ。多くの研究者もそれを指摘しているが、社会学者の坂元章らは、このフレーミング現象の原因として、「相手の顔や声に含まれているはずの表情や韻律などの情報が、電子ネットワークでのコミュニケーションでは欠落している」という特質をあげている。対面型の会話では、私たちは相手の顔色、声のトーン、しぐさなどを見ながら自分の発言を随時、訂正したり軌道修正したりしているが、ネットではそれが不可能である。そうした「欠損情報」を補うものとして、顔文字や「(笑)」「(怒)」などの独特の表現、ト書きのような言い回しも考案されているが、それが逆に相手の感情を逆撫でしてしまったり、その掲示板内ジャルゴンのような使い方をされ、知らない人に対して排他的な感情をかきたてたりすることもある。

また、精神科医の斉藤環氏は、『社会的ひきこもりとヴァーチャルリアリティ』という論文の中で、ネット空間の閉塞性には家族空間の閉塞性との類似があることを指摘しながら、メラニー・クラインの理論を援用しつつ、閉塞空間であるネット世界がフレーミング現象を起こしやすい原因を次のように解析している。

①閉塞空間においては「他者」が存在しない。インターネット上の他者には現実的な対人距離というものがない。

②閉塞空間では攻撃性とエロスのアンビバレントな葛藤が全面的に展開し、「主か奴か」の果てし無い論争が起きる。

③ネット世界には非現実的で誇大な万能感がある。この万能感は幻想に過ぎないが、嗜癖的な様相をおびる（実現できぬとしても、その甘美さが行動を強化する）。

④そこにメラニー・クラインの言う「妄想─分裂ポジション」が賦活され、投影的同一視の機制に基づき、激しい攻撃行動に至る。

こういったことを考えれば、今はまだかろうじて実際の行列の方に〝熱狂〟のリアリティを感じている私たちだが、おそらくあと数年後にはごく自然に、モニターに現れる文字や数字から現実以上に激しい感情や興奮を覚えるようになっている。

「現実感の希薄さ」を抱える若者たち

西鉄バスジャック事件の容疑者である少年は、一度は、ネットの世界でなら自分は受け入れられている、という実感を味わうことができた。しかし、間もなく彼は激しいフレーミングの洗礼を受けることになったのである。「ネオ麦茶」というハンドルネームで掲示板に書き込みを行っていた彼に対して、「存在感ナシ」といった彼が最も恐れていた言葉が浴びせかけられる。

この世界すら自分の居場所ではない、と強く感じた彼が選択したのは、「ピンとこない、生きている実感がない、自分が自分とは思えない」という感覚を抱えながら生きる離人症の世界に戻ることではなく、世間をあっと驚かせるような事件を起こすことで自己の存在を確認し、それを世間にアピールすることだったわけである。彼にとっては凶行に走ることだけが、膜に包まれた離人症の世界から生き生きとした現実の世界へのたったひとつの突破口に見えたのだろう。あの犯罪は、慢性的な離人症状態に陥った若者の、あまりにも哀しく誤った自己治療の試みだったのかもしれない。

しかし、そうだとするならあれは、離人状態を中心とした解離性障害という病に陥った特殊な若者に限った問題なのであろうか。いや、そうではないだろう。今や、日常生活に支障を来たすほどのレベルには達していないにせよ、多くの若者があの少年やその前にあげた離人症者たちのような訴えを口にする。

「これが現実なんだってピンとこない」「自分が自分だという実感がない」「生きてるんだか死んでるんだかわからない」「生きてる意味も自分の価値もはっきりしない」。

これらは、昔からよくある自己同一性、いわゆるアイデンティティが未確立ゆえの若者ならではの「私ってだれ？」という問いではないか、と考える人もいるだろう。しかし、彼らの困惑して途方に暮れたような表情を見ていると、その訴えの中核にあるのは、離人症者のそれに近い「現実感や存在感の希薄さ」の方にあるのではないかと思える。

では、その離人症的な現実感の希薄さや疎隔感を抱えた若者たちは、それにどう対処しようとするのだろう。

「スーパーフラット」な感覚

中には、その感覚を完全に受け入れ、「現実かドラマか」「生きた身体かロボットか」という問いを発することなく生きている若者もいる。たとえば、世界的にも「日本の今」を感じさせるとして注目を集める村上隆の一連の作品や「スーパー・フラット」というコンセプトに、「自己や現実に対する懐疑すら抱くことなく、離人症的な世界をそのまま生き延びよう」というメッセージを読み取ることも不可能ではない。

二次元的なアニメやコミックの世界を彷彿させる作品を通して村上は、「現実とドラマ、現実とウソとの間に『段差』なんてないでしょ」と言い続けてきたような気もする。従来の世界観を持った大人は言う。「子どもたちが仮

Hiropon, 1997
oil paint, acrylic, fiberglass and iron
223.5 × 104 × 122 cm

想現実と現実との境界を見失ってしまったのは、アニメやマンガ、ゲームの影響だ」「ゲームのやりすぎで、子どもたちは現実もリセットがきくものと思い込み、簡単に他人の命を奪おうとする」。ある精神病理学者は論文の中で、九〇年代の日本を震撼させたオウム真理教の教団の特徴を「現実経験が希薄になった結果、マンガ的世界を形成した閉鎖集団」と称していた。ところがそういう大人たちの前に、村上はマンガ的なキャラクター・DOBくんやアニメの美少女そのままのHiroponちゃんを突きつけてきたのだ。

旧来の芸術作品とは程遠いこれらの作品群に驚く人に、村上は余裕の笑みを浮かべながら言う。「これがまさに、日本のリアルじゃないですか？……しかも、ニューヨークやヨーロッパのコンテンポラリー・アートシーンでもけっこう話題になってるんですよ」。そして実際に、国際的な美術展への招待、海外美術館での個展、『ニューヨーク・タイムズ』に大々的に取り上げられている記事などを見せられると、だれもが彼の戦略に納得せざるをえないだろう。

村上自身は、ピュアなアーティスト、海外進出を狙うマーケタブルな戦略家、そしてたくさんの若い芸術家を抱えるファクトリーのリーダーという、従来であれば並列不可能のはずのさまざまな顔を持っており、その間にはさしたる「段差」はないようだ。その世界は今や世界的に受け入れられ、彼に作ったフィギュア作品がニューヨークの美術オークションで五千万円近くの金額で落札されたり、ルイ・ヴィトンに特別デザイナーとして起用されたり、とその活躍がメディアを賑わさない月はないほどだ。

では、村上自身も〝離人症〟的な傾向を持っているのかといえば、そうとは言えないだろう。

彼は、あくまで内発的な創作意欲と時代精神との接点を敏感にとらえて「スーパー・フラット」の世界を展開しているだけであり、彼自身は社会的には多くの顔は持つが、きわめてきちんとした現実検討能力を備えた若手芸術家である。それは、もしかすると一九六三年生まれという村上の年齢とも関係しているのかもしれない。テレビやマンガに触れながら育ってきたはずの村上ではあるが、彼が人格形成期を迎える思春期の頃は、世界の「現実感」は今よりはもっと安定していたと思われるからである。

ここで、村上世代の「スーパー・フラット感覚」と、八〇年代以降に生まれたより離人症的な傾向を持つ若者の違いを考えてみよう。

実際の離人症たちは、今自分がどのキャラクターであるのか、あるいは、ネット世界のどこにだれとして存在するのかと、多層化したたくさんの現実のどこにいるのかを見失い、一瞬前の自分がどこにいたのかも忘れてしまっている。だからこそ、ネット少年がバスジャック犯に、コミケ青年が誘拐犯にといった「一線の踏み越え」に対しても、彼らは無自覚になるのだろう。

それに比べれば、村上隆はすべてに対して自覚的である。いや、それどころか彼は「段差」のない世界にいる自分に対して、実は超覚醒的（hyper arousal）でさえあるのではないかと思われる。二〇〇一年秋、東京都現代美術館で開催された大規模な個展の企画者でもある都現代美術館の南雄介学芸員はこう語る。

村上隆は、自らの成功に対してひじょうに自覚的である。彼は、アメリカ／ヨーロッパを中心とするコンテンポラリー・アート・シーンで勝利するというプログラムを立て、それを実現したのだといっていい。

このことばを信じるならば、村上自身は決して「段差」を失った離人状態に陥ってコンテンポラリー・アートとアニメやマンガといったサブカルチャーの間を行きつ戻りつしているわけでなく、非常に理性的に現代の日本文化の象徴として国際的にも受け入れられるものとして、ＤＯＢくんや

Hiropon ちゃんを生み出したということになる。制作を行うとき、彼の中にはアート／サブカルチャー、現実／ファンタジーの間の「段差」を飛び越えている、という実感はまだ残っているのだろうか？　それとも、もはや「段差」間のジャンプはほとんど自動的に行われているのだろうか？　そして、最大の疑問は、離人の感覚に支配され、「段差の痕跡」をやすやすと踏み越えて「とんでもないこと」をしでかしてしまう人たちと、自覚的に「段差」をジャンプしているうちにいつのまにか自由にいくつもの次元を行き来できるようになった村上との決定的な違いは、いったい何かということだ。

自分自身の状態に関して自覚的であるかどうかは別として、彼の作品世界や姿勢は、これまで否定的・病理的としか捉えられてこなかった離人症的な訴えに対するひとつの前向きな解答であるようにも思われる。

しかし、提唱者である村上自身が離人症的ではない、というパラドキシカルな事実からもわかるように、この「スーパー・フラット」な感覚を世界や自己の基軸として受け入れ、離人症的であることを楽しむことは、現実には非常にむずかしい。もしかするとそれは、来るべき世界のひとつのモデルになるのかもしれないが、それについてはまた後述したい。実際には、「実感が持てない」と訴える若者の多くは、離人症者たちやバスジャック事件の容疑者の少年がそうであったように、何とかして現実の世界につながる突破口を見つけたいと願い、それを探してさまざまな試みを行う。しかし、彼らが夢想する「現実の世界」も、そこへの突破口を探す試みも、かなりゆがんだ形をしている場合が多い。

身体を傷つける若者たち

たとえば、二〇〇〇年に発売され、四十万枚近い売り上げを記録したシンガーソングライターCocco（長期休業ののち二〇〇五年五月に復帰）のアルバム『ラプンツェル』に収録されている「けもの道」という楽曲には、こんなフレーズがある。

手を伸ばせば
その髪に
爪を磨けば
届きそう

ねじるように

捕まえて
飛び散るまで
目をあけて

誰かわかる?
わかるでしょう?

多くの若者が熱狂的な共感を寄せたこの寓話的な詩に描かれているのは、「自分はだれか」という実感を獲得したり、だれかにわかってもらったりするためには、「ねじる」「飛び散る」といった激しい行為を自分(あるいは相手)の身体そのものに与えなければならない、というギリギリの〝叫び〟なのではないか。Coccoの詩にはほかにも、「右手をそっと噛みちぎって」「からまる舌を切り落とした」といった直接的に身体に痛みを与える表現が目立つ。Coccoや彼女を支持する若者たちは、従来のラブソングにあるような「愛」とか「心」といった抽象的な概念、あるいは「好き」「大切に思う」といった感情には、もはやリアリティを感じることができないのだ。

では、彼らは痛みを伴うような身体への直接的な働きかけになら、何らかのリアリティを感じることができる、というのだろうか。

実際に、それまで「周囲にも身体にもリアリティを感じられない」と慢性的に離人症的な訴えをしていた若者が、突然、一転して極端な行動に走ったり、自らの身体を傷つけ痛めつけるような行為を始めたりするケースは、少なくない。それどころか、「リアリティのなさと衝動行為は、同じ心理のウラと表なのではないか」と思えるほど、診療の現場ではこの両者を繰り返し経験している若者も目についた。

ジャーナリスト今一生氏は、自傷行為を繰り返す若者の取材を続けるうちに、彼らの中に「自分で手首を切っているときも痛みを感じない」と述べるケースが多いことに気づき、それは精神病理学的に「解離」と呼ばれている状態と似ていることを知る。

> 解離状態を一時的に引き起こす人は、自分の体を傷つけていても痛みや怖さを感じないのだそうだ。
>
> （『生きちゃってるし、死なないし』晶文社）

では、彼らは「解離」によって痛みを感じることがないから、リストカットなどの自傷行為ができるのだろうか？ これもまた違う。今氏は、「自分であって、自分でない感覚が続き、目の前で起こっている出来事が、まるで自分が主人公の映画でも観ているみたいに他人事のようにしか感じられない状態」となり、離人症という診断を神経科で下されたユカという少女に取材を行うことになる。ユカは毎週のようにカッターで手首を切ってしまう。切る時の痛みは「それほどでもない」と話していた彼女は、自傷行為の最中に部屋に入ってきた愛犬に傷口を舐められたとたん「〝素〟に戻り痛みを感じた」と言う。そしてその体験をきっかけに、徐々に現実の生活の中でも同じ悩みを持つ人たちなどと交流を持つようになり、自傷行為もおさまっていく。

つまり、痛みなどを知覚しないから切っていたわけではなく、逆にそこにしか「〝素〟に戻る」通路がないことを直感していたからこそ、自傷行為を続けていたのであろう。今氏が取材をしたケースの中には、もっとはっきり「切っていないと自分ではないような感じだから切る」「リスカ（リストカットの略）は『私はここにいます』というメッセージ」と言い切っている人もいた。彼らにとって、自傷行為は離人状態から抜け出すための唯一の手段なのである。

ルポライター・ロブ＠大月氏の『リストカットシンドローム』（ワニブックス、

二〇〇〇年）にも、同様の例が多数、登場する。壁を蹴ったり皮膚を針で刺したりといった粗暴行為や自傷行為を繰り返す大学生タツヤの自己意識面での訴えも、まさに離人症者のそれと同じだ。さらにタツヤは、身体を傷つけるほどの衝動行為が離人状態を食い止めるための手段であったこともよくわかっている。

何か、生きてる実感がなかったんです。寝る前になると、幽体離脱みたいな状態になって、それを痛みでどうにか現実に引き戻していたんだと思います。

ふつうであれば、何としても避けたいと願うはずの身体的苦痛や死の恐怖を引き起こす出血。離人症的な疎隔感や現実感のなさを抱える若者たちは、それくらい激しい感覚でなければ、自分は「私は生きている」という実感を再獲得することはできない、とわかっているのだ。それはおそらく、「バスジャックくらいの大きな出来事を起こさなければ、自分が自分であるという感覚を取り戻し、それを世間にも認めさせることはできないだろう」と〝誤った自己治療〟の道を選択したバスジャック事件の容疑者の少年とも、どこかで通じるものであろう。

これとまったく同様のことは、哲学者の山内志朗氏も指摘している。

『自分』ということのリアリティを見失ったとき、生々しい感覚を求めること、例えば、たばこの火を体に押しつける行為は特異なことなのだろうか。そんなことをする人間は少ないとしても、それに類した行為に向かう人が多いのではないか。（中略）

このような生身の肉体で感じられる感覚的刺激こそが、リアリティの基本的形式なのだと考えたくもなるし、そう考える人も多い。リアリティが不足した時代では、感覚的刺激がリアリティの基礎として求められる傾向にある。痛みぐらいにしかリアリティを見出せず、しかもいくら痛みを重ねてもリアリティを得られない悲しい時代が現代なのかもしれない。

（『天使の記号学』岩波書店、二〇〇一年）

しかし山内氏は、残念ながら「生々しい身体感覚こそが〝幽体離脱〟のように解離した状態の自分をひとつに引き寄せ、リアリティを取り戻せるはずだ」というこの目論見も、たいていは失敗に終わる、と述べる。

とはいえ、痛みも感覚的刺激も、バラバラになった私をとりまとめてくれるわけではない。一番リアルであるはずのものがリアルではないことも少なくない。だから、毎日毎日こぼれ落ちてゆく自分の肉体を拾い集めるために、痛みを求め、自分の体を傷つける人も出てくる。（前掲書）

山内氏はこの後、「身体だけがリアリティを感じるものなのだ」という発想にも、それとは対極の「抽象的な思考にこそリアリティがあるのだ」という考えにも、問題の真の解決はないことを明らかにしていくのだが、ここではその議論にまでは立ち入らないでおこう。

傷を中核に形成されるリアリティ

今、若い人たちに流行のタトゥーやピアッシングで自らの身体に傷をつける人たちにも、「リアリティの取り戻し」の欲望を感じることがある。もちろん彼らの目的はファッション性にあるが、皮膚にかなり深い傷をつけて瘢痕化させるスカリフィケーションやいわゆる〝焼き印〟であるブランディングになると、でき上がったときの模様などより身体を切り刻んだり焼いたりすることの方に重点があるのではないか、と思えてくるからだ。そうなると、「切った瞬間の痛みや出血で『私は生きている』と実感できる」と手首や上腕をカミソリなどで切る、自殺を目的としないリストカット症候群の人たちとの境界もあっというまに不鮮明になってしまう。

臍や性器など、ふだんは人目につかない場所にピアッシングをする若い女性のインタヴューを読んだことがある。彼女はいっていた。

「私はだれかに見せるためにピアスをしているのではない。だれからも見えなくても、おへそやあそこにピアスしているといつもその部分を意識していられる。そのためにやっているの。」

彼女もまた、ピアスでつなぎとめることでかろうじて「自分が自分であること」の実感を得ているのかもしれない。逆にそうでもしなければ、自分の感覚、身体の感覚は、あっというまにどこかに飛んで行ってしまうのだろう。

ピアッシングやタトゥーは自己改造の欲求の現われだと考える人がいる。しかし、私はそうは思わない。リストカッターたちが死ぬためにだけではなく、その瞬間に自分が生きていることを実感するために腕や手首に傷をつけるのと同じように、身体のあちこちに穴を穿ち、墨を流し込む若者たちは、そうすることでその部位を中心とした自己感覚やリアルな身体感覚を手に入れようとしているのではないか。

たとえば、これまた最近、若い人たちに広がっているといわれる美容目的の整形手術にしても、根幹は同じだと思う。まぶたを二重にし、顎を削り、オリジナルとは似ても似つかぬ面差しに〝変身〟していく女性たちは、そうすることでニセモノの自分になろうとしているわけではない。逆にホンモノの自分になりたいからこそ、身体を改造するのだ。リアリティと真実は、メスを入れられプラスチックを注入された方の身体にあるはず。彼女たちは、そう信じているのだ。だから、昔のように「整形手術＝ニセモノ」といった後ろめたさは薄まり、飯島

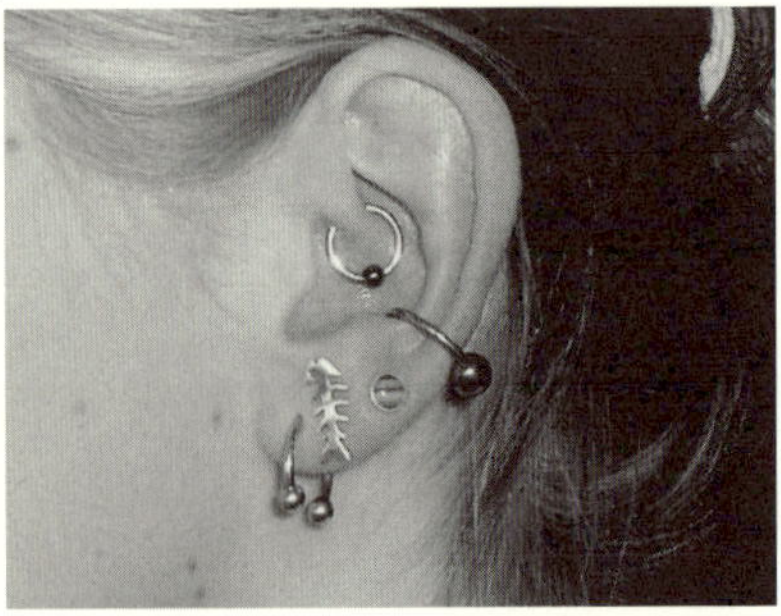

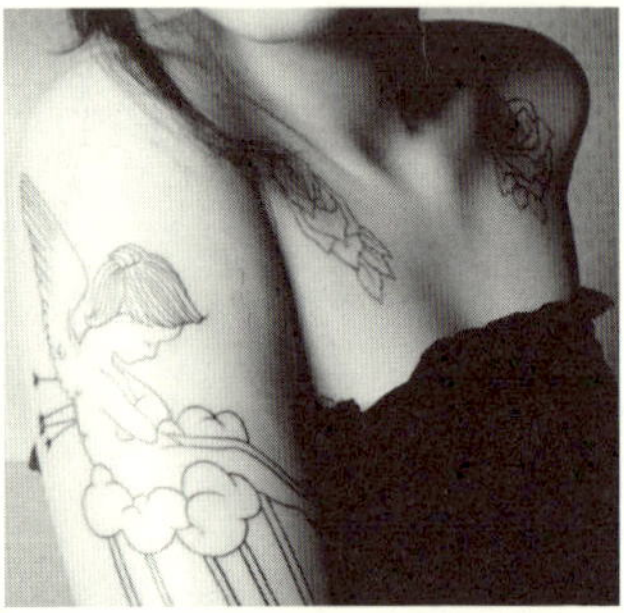

ピアッシングとタトゥー

愛のように堂々と「私は整形手術を受けまくった」と告白するタレントも現われはじめた。

そう、なにも問題はない。だって手術を受けた後の自分が、本当の自分なんだもの……。彼女たちはそう言うだろう。傷を中核に形成されるリアリティや自己同一性が、ここにもある。

〈中心感覚〉の根拠は存在するのか

体育論の斎藤孝氏は、日本人の若者に広がる「自己の存在感の希薄化」の危機感を抱き、その原因として「からだの〈中心感覚〉」の喪失をあげ、「腰肚文化」の見直しの必要性を唱えている（『身体感覚を取り戻す――腰・ハラ文化の再生』ＮＨＫブックス、二〇〇〇年）。たしかに「姿勢を正しくしっかり座る」ことが日常だった時代には、いわゆる臍下丹田にしっかり力を入れる機会も多かったであろう。その身体的な〈中心感覚〉が自己の存在感の実感を形成していたといい切ってよいかどうかはわからないが、そこになんらかの結びつきを見ようとするのは自然なことであろう。さらには、冒頭からあげてきたような心の傷や身体の傷を中核とした自己同一性形成をはかる若者たちは、喪失された〈中心感覚〉を彼らなりの――やや病理的ではあるが――

やり方で再獲得しようと試みていると考えることもできる。

では、本当に斎藤のいうように「立つ・歩く・坐る」を学び直せば、私たちは〈中心感覚〉を取り戻し、さらには自己の存在の実感や自己の身体の実感を強く得ることができるようになるのだろうか。私は斎藤のこの主張には、やや抵抗を感じる。

そもそも、身体とはあるいは自己とは、環界からすっぽりと切り取られた鮮明な輪郭をもっているもの、あるいは梅干しの種のような固くてしっかりした中核をもっているものなのだろうか？

生命論の河本英夫氏は、舞踊家の勅使河原三郎のダンスをこう解釈する。

身体の動きに合わせて、空気に流動を引き起こす。このとき空気の流動性を身体感覚によって見出していることになる。空気を動かす勅使河原の舞踊物理学は、みずからの身体運動と相即的に空気の特質を身体行為をつうじて捉えるのである。ここでは既存の身体と空気一般の界面という発想を、もはや捨てなければならないことがわかる。身体は、運動をつうじて境界を変えつづけるのであり、そのことと相即して、空気一般と接するのではなく、空気固有の特質を見出すのである。

（『オートポイエーシスの拡張』青土社、二〇〇〇年）

あるのは動きの継続だけであり、境界はそのつど形成される。空気と身体、環境と自己、外部と内部といった区分けがあらかじめあるわけではなく、ましては自己の存在の実感や身体の中心感覚の根拠となる中核、丹田、傷などがどこかにあるはずはない。

おそらく常識的な感覚では自らの身体を最も実感しているはずの舞踊家が、じつはつぎの動きへと進みながらその都度、変化する環界との境界を形成していくにすぎない〝実体のない身体〟しかもち合わせていない、という指摘に私たちは驚く。それどころか河本は、伝説の天才・土方巽でさえ、その舞踊の起源にあるのは自らの身体への違和感であったというのである。

（土方の散文『病める舞姫』には）どこを切ってもみずからに違和感をもちつづけた身体がある。収まりを知らない違和感が、舞うか発狂か死かの選択を迫っているような文である。つまり舞う以外に手がないという文である。

そして、さらに勅使河原には身体への違和感という起源すら欠けており、「空気のなかの無数の目から、つねに立ち上がる直観」があるだけだとも述べる。

視点を今一度、サブカルチャーの世界に移してみよう。身体性の極致であるプロレスの世界にも、あえて身体実感を希薄にしながらあたかも闘う相手がそこにいないかのようにつぎの動作をつなげていくだけのレスラーがいる。その代表が、ＷＷＥのジ・アンダーテイカーであった。「死の谷」からやって来たという触れこみの彼は全身を黒づくめの衣装で覆い、熱い肉弾戦が繰り広げられるはずのリングの上でつねに無表情のまま、相手のペースをまったく無視するかのように動き、特殊な空気をつくり出していった。その意味でアンダーテイカーは、河本のいう「見事な身体表現は、つねに自己の制作であり、環境の特質の発見である」という例にあてはまるのかもしれない。

しかし、そのアンダーテイカーですら身体の〈中心感覚〉の権化であるようなマッチョなレスラー——とはいえ彼らにしてもそれが希薄だからこそ、筋肉と熱い闘いという〝衣装〟をまとって、観客の視線をそこに集中させ、自己の実感を得たつもりになっているのかもしれない——に、つねにつぎの動作に接続していくという先の見えない道程に耐えられなくなったのか、最近になって大きくキャラクター替えをした。以前からあったものではあるのだが、黒いコートや袖の長い黒シャツを捨て、むき出しになった彼の両腕には皮膚をびっしり埋め尽くすほどの入れ墨が施されている。

境界の特質を発見できる能力をもった身体でも、やはり〈中心感覚〉がほしくなるのだろうか。傷を中核にしてでも「自分が自分であること」の実感を得ようとするのであろうか。そうであるとするなら、身体に揺るぎなきリアリティを求めることに、そもそも無理があるような気がする。身体の解放、と言葉でいうのは簡単だが、事態はどうやら逆の方に進んでいるようである。つまり、身体は、そこに傷をつけたり、穴を穿ったり、というひどく不自然な行為をすることで、人間がリアリティを得るためのよすがが、最後の砦となりつつあるのだ。

そういった働きかけをしながら、無理やり輪郭を与えられ、種を臍か丹田のあたりに埋め込まれ、囲い込まれていく身体。自己はそこでかろうじて「ほっと一息つく」ことはできても、やはりヒリヒリするような実感やリアリティを永続的に獲得することはできないようだ。

ピュアであること

さてここまで、「自分であることや今いる世界にリアリティを感じられない」と離人症的な感覚を抱く若者が増加していることを指摘し、その解決のために彼らが取るふたつの選択——村上隆のようにそれを「スーパーフラット」感覚と名づけ、積極的に受け入れること、生々しい身体的な感覚がリアリティを取り戻してくれると思って衝動行為や自傷行為に走ること——について述べてきた。しかし残念ながら、このふたつの選択はいずれも今の時点ではそれほど有効とは言いがたい。

次に、第三の選択とも言える「ピュアになること」について論じてみたい。これは、過剰な身体性に救いを求める第二の選択とはまったく逆で、〝幽体離脱〟して離れてしまった自分——つまり、身体性をまったく持たず、社会や世間ともかかわりのない存在としての自分——の方を実態と考え、そちらにリアリティを求めるというあり方である。言ってみれば、極端な〝現実離れ〟をすることによって離人症的な感覚の苦痛を消そう、ということになるのかもしれない。

身体性や日常性を放棄した彼らは、「透明、ピュア、イノセント」であり「やさしさ、あたたかさ」にあふれた存在であることを望む。とはいえ、完全に孤立した存在のままではその純粋さややさしさが評価されることはなく、自分でも確認することはできない。だから必ず、「ピュアであること」を保証してくれる他者の存在が必要になってくる。

しかし、日常の学校生活や家庭生活でかかわりのある他者は、すでに自分が「ピュアな存在ではないこと」を十分知っているので、それを保証してくれる相手にはなりえない。では、どのようにして彼らは、「ピュアでやさしい自分」を確認してくれる他者を発見するのか。

ひとつには、現実の中でかなり極端な振る舞いをすることによってそれを実現する、という方法がある。ボランティアや医療・福祉などの仕事につき、自己犠牲的なまでに献身的に働き、弱い者に尽くすことによって、周囲から掛け値なしに「ピュアでやさしい人」という評価を得ることも、不可能ではない。たとえば、イギリス皇太子妃という これ以上ないほどの揺るぎないポジションを得てからも「これは本当の私ではない」という感覚に苛まれ、過食や自傷行為、衝動的な買い物行動などを繰り返して離婚した後に、ボランティア活動に専心した故ダイアナなどは、その典型例ではないだろうか。貴族や王族はボランティアに取り組むのが慣習であったとはいえ、エイズ患者を抱きしめたり地雷が埋まっている危険地帯を歩いたりする姿は、それまでの彼女を知る人の目には、やや異様に映ったのではないか。

もちろん、多くのメディアはブランドものなどに執着したあとに、文字通り〝からだを張って〟ボランティアにいそしむ姿を〝改心〟と評価し、ダイアナは社会的にも大きな評価を得ることになったが、あまりに極端なその変化は決して内面的な成熟や成長が伴ってのものではなかっただろう。何になっても何を手に入れても「これが私だ」というリアリティを得ることができず、空虚さや疎隔感を感じるばかりであった彼女は、おそらくあらゆる身体性や物質性から解放されて「ピュアでやさしい自分」になることに、苦痛からの離脱があると直感的に感じたに違いない。彼女がそういった活動や評価を通して、それまでとらわれていた心理的苦痛から本当に解き放たれかどうかは、今となっては確かめるすべもないが。

精神科医の津田均氏は、境界性人格障害者の非現実的な行動パターンについて考察した論文の中で、彼らが「無制限の親切、能力、美しさ」にとらわれやすいことを指摘している。津田の報告するケースの中には、境界性人格障害という診断名はついているものの、極端な理想主義やピュア願望が病理の中核をなす例もある。たとえば三〇代の男性中学教師Bについて、津田はこう記載している。

Bは、人への親切を中核とする理想像の中に自らを律し、他人をからかう気持ち、『アダルトビデオ』に代表される肉欲などが自分に存在することを否定しさろうとしている。

（「万能的な核を持つ境界例患者の精神病理」『精神医学』一九九七年、三九巻五号）

彼は、「生徒ひとりひとりに親切にする」という教育を実践しようと思い、「どんな非行にも頭ごなしには叱らない」「通信簿には一をつけない」という実際には現実離れした方針を貫こうとして教室運営に失敗し、職場に行けなくなったのだ。津田氏は、こういったケースが自己愛的で万能的な核を人格の基盤に有していることを指摘し、「大人の論理」や「現実の論理」がその非現実性を指摘しようとすると、彼らは怒りの感情でそれを弾劾すると述べている。

離人症的な感覚を抱く若者にとってはそもそも人格の核などという確固としたものはないと思われるが、それだからこそ、彼らは〝幽体離脱〟した先の自分そのものを「無制限の親切ややさしさ」でできた〝架空の核〟としようとするのではないか。つまり、本気で「自分はピュアでかぎりなくやさしい」と確信しているわけでも、世の中にそれが通用するとも思っているわけでもないのだが、そういった〝架空の核〟を想定しないことには苦痛から逃れることができないのである。

しかし、中学教師Bがそうであったように、現実の社会の中では〝架空の核〟で生きていくことは困難である。生きているかぎり、必ず彼らが忌避したがる「大人の論理」にぶち当たるであろうし、身体の問題、お金の問題といった彼らにとっては「ピュアではなく汚れていること」から完全に自由になることはできない。

ネット参加者のピュア志向

そこで彼らが再び目を向けるのが、インターネットの世界である。ここで彼らがアクセスするネットの世界は、前の章で指摘したような現世利益を与えてくれる場所でもなければ、ビジネスチャンスが転がる場所でもない。境界例者の自己愛的で万能の核になるような「無制限の親切、能力、美しさ」などが実現されているピュアでイノセントな空間なのである。そこに集う人の基本は善意とやさしさであり、他人をあざむいたり金もうけを企んだりするような人は、だれひとりいない。掲示板やチャットでフレーミング現象の泥沼にはまった経験のある人でさえ、繰り返し繰り返しネットの中の〝善なるもの〟を信じようとしてしまうのだ。

「ネットのホームページに集まる人だけが、私の本当の気持ちをわかってくれる」

そう言って自殺志願者のサイトに集う人たちも同じである。そこには相手の悪意や偽装に関する何の疑いもない。

冷静に考えれば、顔も見えず名前も知らない異性の相手と、恋愛やセックス、ときには結婚までを前提として会う約束をすることに、危険が伴わないわけはない。しかしたとえば、街中で見知らぬ男に声をかけられたときには警戒して立ち去るような女性が、インターネットや携帯の出会い系サイトであれば、簡単に相手の書く内容を信用してしまうことは少なくない。

一九九八年には、伝言ダイヤルに吹き込まれた「友だち募集」のメッセージを聞いて男性に会いに出かけたふたりの女性が、睡眠薬を飲まされて外に放置され、命を落とすという事件も起きた。伝言ダイヤルはネットより一世代前のコミュニケーション・ツールではあるが、殺害された女性たちからも、日常的な関係やありきたりの出会いではないからこそそこでは自分も相手もピュアでいられるのではないか、という祈りにも似た思いが感じられる。もちろん、彼女たちはこれまで述べてきたような「自分や現実にリアリティを感じられない」という離人感覚を抱える女性だったわけではないのだが、そうではない若者たちにもある種の「ピュア志向」が生じているのだとしたら、事態はさらに深刻だと言えよう。

その伝言ダイヤル事件で犠牲になった農協職員と専門学校生は、どちらも「まじめでおとなしく服装も地味」なタイプだったと言われる。親から見れば、「なんの心配もないよい子」であっただろう。そこにまず最初の日常レベルでの「ピュア」が見えてくる。しかしそういう彼女たちが、自ら伝言ダイヤルサービスにアクセスしてメッセージを吹き込み、それに応じて電話をかけてきた男性と二人きりで会ったのだ。ふだんのおとなしい姿とその大胆さの間には、あまりに大きなギャップがある。真実はどちらの〝顔〟にあるのだろうか。

そして二〇〇五年の夏にはついに、自殺志願サイトを悪用する殺人事件が起きた。事件のあらましを当時の新聞からの引用をもとに記しておこう。

自殺サイト快楽殺人の三六歳男、男性二人も殺した

自殺サイトで知り合った大阪府豊中市の無職、長元美智子さん＝当時（二五歳）＝を殺害したとして、殺人容疑などで逮捕された同府堺市の人材派遣会社社員、前上博容疑者（三六歳）が、河内長野署捜査本部の調べに「自殺サイトで知り合った中学生ら男性二人を殺し、山に捨てた」と話していることが六日、分かった。

事件は、自殺志願者の心理に付け込んでサイトを悪用した連続殺人に発展した。

調べでは、前上容疑者は「レンタカーを借り、自殺サイトで知り合った兵庫県の男子中学生を五月中旬に、大阪府東大阪市の若い男性を六月初旬に殺し、山に捨てた」と供述。二人は、家出人捜索願の出ている神戸市北区の中学三年の生徒（一四歳）と、東大阪市の大学生（二一歳）の可能性がある。

殺害まで一時間も、口と鼻を両手で何度も押さえては離し、苦しむ様子を眺めては性的興奮を満たしたらしい。捜査本部は自宅から大量のビデオテープとパソコン二台などとともに、殺害したとみられる中学生の

写真も押収した。

まさに快楽殺人。「女性や子供が口を押さえられ、苦しんでいる挿絵を見て、異常に興奮した」。かつて歩いている女性の口をふさぐなどして逮捕された際、中学時代に読んだ江戸川乱歩などの小説について、そう供述したという。

「変容する現実感」の中で「自己の変容」に戸惑う若者たちは、驚くほど無防備に電話やネットの中の〝善〟や〝ピュア〟を信じて、行動を起こす。しかしそれが行き着く先は、「自死」あるいは「他殺」といういずれにしても悲惨な結末なのだ。

「くじ引き」型の自殺企図

さらに深刻なのは、インターネット心中などの致命的な事態には至らないものの、リストカット（「リスカ」）や睡眠薬などの大量服薬（「ＯＤ」）を繰り返す若者たちの増加、そして低年齢化だ。今年の八月には新聞などに次のような調査結果が掲載され、多くの人に衝撃を与えた。

〈リストカット〉小中高生で急増、一クラスの女子全員の例も

リストカットなど小中高生の自傷行為が九九年ごろから急増していることが、精神科医の北村陽英・奈良教育大教授の調査で分かった。

近畿の小中高校の養護教諭にアンケート調査したところ、教諭が遭遇していた事例の合計は、八六〜九七年度に年間〇〜三人だったのに、九八年度は同六人、九九〜〇三年度は同一〇〜一六人と二けたに増えていた。

これまで自傷行為に関する組織的な全国調査例はないといい、北村教授は「専門家に相談するよう、児童・生徒だけでなく、保護者も含めた指導が必要」としている。

調査は〇三年八月〜〇四年一月、養護教諭一一九人に、各教諭が経験した児童生徒のリストカットについて質問。

八六年以降で一四六例の報告があり、女子が一三六例を占めた。一三歳（中学一年）が三一例と最多。最も若いケースは一〇歳だった。

リストカットの部位は左手首が八五例（五八・二％）で最多で、このほか腕や手のひら、太ももなどもあった。直接の動機はストレス発散や

異性問題などだったが、背景には家庭内不和や性的虐待などがあり、友人やインターネットの影響も大きいことも分かった。

一方、医療機関でカウンセリングなどを受けたのは四〇例で、全体の二七・四％。また、集計した一四六件とは別に、一年間で一クラスの女子約二〇人全員がリストカットした中学のケースも報告された。

自殺衝動を抱える若者たちのルポルタージュ『リストカットシンドローム』（前掲）を書いたライター・ロブ＠大月は、近著の中で「うつ病」を乗り越えて子どもを出産した妻が大量服薬して入院したエピソードを記している。

今日（二〇〇一年一一月四日）の昼、妻が一三八錠も薬を飲んで救急車で運ばれました。最近、希死念慮を訴えていたので、神経をとがらせていましたが、やられてしまいました。（中略）発見が早かったせいもあって、命に別状はないようですが、救急救命センターに入院という事態になりました。

今回の自殺騒動には、僕の至らなさもあるので、かなりへこみました。とにかく、こういう事態が起きると援護者側にかなりの不全感が漂ってしまいます。
（ロブ＠大月、『「生きづらさ」を抱えて生きる人たちへ』、ＰＨＰ研究所、二〇〇三年）

前後のエッセイを読むかぎりでは、その妻も望んでの出産であったようであるし、産後の夫のサポートも十分だったようだ。なぜ妻が大量服薬したのか、その詳細については記されていないが、これも状況や精神状態だけからは説明のつかない、生か死、どちらに出るか本人にもわからない「くじ引き」のような自殺企図だと考えられるのではないか。もちろん「くじ引き」というのは、そこに至るまでの本人の苦悩や葛藤がない、という意味ではない。ただ、のたうち回るような苦しみの果てに自殺を選択する古典的うつ病に見られるようなそれと、「結果がどちらに転ぶか、私の知るところではない」とばかりに「リスカ」や「ＯＤ」を前後の文脈とはあまり関係なく不意に行う「くじ引き」型の自殺企図には、大きな違いがあることは確かだ。だからこそ、ロブ＠大月が言うように援護者側には大きな悲しみ、苦しみ以上に「不全感が漂ってしまう」ことになるのだろう。

　このような死をも厭わない〝パフォーマンス〟を行う若者たちの真意は明

らかではないが、「自己消去、そしてその後の〝生と出るか死と出るか〟はわからないが、ある意味の自己再獲得」という意味においては、これまでの事例にもつながるメカニズムがあるのではないか。しかし、運良く死を免れた若者の多くは、「生まれ変わったつもりで前向きに生きる」という心境にはなれず、むしろ何事もなかったかのようにそれまで通りの逡巡の毎日を続けることになる。ここにもやはり「解離という逃げ道」は残っている。

ダイエットと美容整形

ここで、ここまでの議論を振り返り、もう一度、最初に提示した問題に立ち戻ってみよう。

若者たちが、自己の統合や連続性を失い、自分自身から解離し、あるいは解離した人格の一部が発達して多重人格化する解離性障害の増加という問題について考えてきた。そして、複雑化・多様化する社会の中で、インターネットなどのバーチャル空間やメディア空間の肥大という事態にさらされ、「自分が自分であること」「これが現実であること」に生き生きした実感を感じられなくなるという事態を、〝障害〟〝病理〟と呼ぶことは今や間違いで、それは現代の日本人にとっての自己やリアリティに関する認識の新しいスタンダードになりつつあるのではないか、という仮説を提示した。

そういう「現実感」の変化を人格形成期前に体験した若者の「自己」のあり方が、それより上の世代と大きく違うであろうことは、想像に難くないだろう。

ここでいくつか、そういったこれまでとは若干、異なる「自己」を持つ若者たちが示す行為や行動の特徴について、メディアに発表された記述を事例として取り上げながら、紹介してみたい。


若い女性を中心に熱烈な支持を集め、ベストセラーも多く出している作家・菜摘ひかるの短編に、夫を持つ拒食症の女性が登場する場面がある。この主人公は、やせた女性が好きだった夫からの「太ったね」というひとことがきっかけで食事制限を始めるようになる。


だから、あたしはとにかく元の体型に戻すこと——そして出来れば、元以上にガリガリにならなければいけないのである。

一日に飲むサプリメントはビタミン剤も合わせて十数種類にも及んだ。夫に外食に誘われても、あたしは頑として拒んだ。たまにつき合ったとしても、ドレッシングなしのサラダだけしか食べないように気をつけた。

（中略）こんなに痩せた自分が誇らしく、ほかの女たちに見せびらかして羨望の眼差しを受けたかった。

（中略）あたしは、ある程度胸をキープしたまま骨と皮だけの身体になるには、一体どうしたらいいのだろうということでつねに頭がいっぱいだった。

（『えっちな気持ち』、角川文庫、二〇〇〇年）

ここに登場する女性の場合、拒食のきっかけは「夫に好かれる身体になること」だったが、すぐに「ガリガリにならなければいけない」と目的がすり替わる。この「ダイエットの目的にすり替わり」については、多くの研究者がこれまでも指摘していたことではある。心理療法家ホワイト夫妻はこう述べる。

いったんダイエットを始めると、そのプロセスと結果は、最初ダイエットしようとした理由と同じくらい重要になる。つまり傷心、孤独、不安定感を晴らすために、ダイエット自体が意味を持ち目的となるのである。

多くの少女はこの自己否定的な方法から、力に満ちた感情を引き出す。注意を怠らず励むことで、二次的利得が得られることもある。友だちは誉めてくれるうえ、自虐的な意志の強さに一目おいてくれる。「ワァ、痩せたわね！」という言葉によって、一時的に自尊心が満たされることもある。

（M・ボスキン＝ホワイト、W・C・ホワイトJr.、『過食と女性の心理』、星和書店、一九九一年）

現実の中ですでに生きている自分やそのからだに、実感を持つことも自信を抱くこともできない。そうであるならばそれに徹底的に改造を加え、そうして手に入った身体を「新たな自分」と再認識することで「これが私だ」という自己肯定感を改めて獲得したい。しかも、その「私」はあくまで「人工的な私」なので、たとえ周囲から予想通りの反応を得られなくても責任を感じる必要はない。その場合は、「どうせ元の自分じゃないし」と解離のメカニズムを作動させて〝他人ごと〟を装えばよいのだ。

彼女たちの過激なダイエットは、自分を一度、消去してそして再獲得したいがための、一か八かのパフォーマンスなのだ。
自ら何種類もの美容整形を体験し、その一部始終を手記として発表した作家・中村うさぎは言う。

私の『美容整形』は、その文脈において、『美しく変身して華やかな人生を歩みたい』という願望に基づいた一般通念的な（少女漫画などによく出てくる、という意味で）それではなく、むしろ犯罪者が『顔を作り変え、正体や属性を隠して逃走しよう』と考えるその心性に近いのかもしれない。
（中略）自分がやってみて初めて、私は実感したのだ。美容整形によって得られるのは「自信」ではなく「安堵」であること。言い換えれば、美容整形とは『自分の顔を獲得する』作業ではなく、『自分の顔を手放す』作業であるのだ、ということを。

（『美人になりたい』、小学館、二〇〇三年）

そして、これもダイエットの場合と同様、そこまで自己を改造し、ついには消去しなければならない根拠は、客観的にもおそらく主観的にも定かではない。ここに引用した作家・中村うさぎも、周囲からは従来より「若々しくてきれい」と言われ、作家としての人気も家庭生活も安定しているにもかかわらず、「自分を変えたい」と美容整形を繰り返し、今なおエッセイなどで「自分が嫌いだ」と告白している。さらに、そこまで客観的な評価から乖離した自己嫌悪の意識は他者からは理解しがたいものであるはずだが、実際には多くの読者が彼女自身や作品に共感を寄せ、ますますその人気は高まりつつある。

美容整形を終えた中村氏は、「顔が美しくなったからではなく、自分の顔ではなくなったから気持ちが前向きになった」とメディアへの露出を続けている。これもまた、「どうせ他人ごと」という解離の余地を残した上での、「自己消去を経た自己の再獲得」のためのパフォーマンスなのだろう。

売春（ウリ）という行為と解離

心の中をむき出しにするような物語や文体で若者に人気の作家・赤坂真理の短編集の中に、『接続体』という作品が収載されている。そこには、自分を「箱」としか感じられない少年が登場する。つまり、空っぽの物体だ。その箱を脱ぎ捨て人間として再生するために家を出た少年だが、今度は「僕になったはずの僕は、亜人間感がぬぐえない」という感覚に襲われる。少年がこう思う場面がある。

体しかない。
誰ともつながっていない。
体しかないなら、人間の経験としていっそ、それを売ってみようかと思い立った。それに金をくれる人がいるなら、体の価値だけでもとりあえず証明できる。

（『彼が彼女の女だった頃』講談社、二〇〇三年）

その後、少年は年上の男性たち相手に売春行為、いわゆる〝ウリ〟をするようになる。身体が自分のものだという実感がないどころか、自分の心と何らかのかかわりがあるものだという感覚さえない。だから、性風俗産業で不特定多数の男の相手もできる。これは〝私自身〟とは何の関係もないことだ、私はリモコンを持って、私とはなんのかかわりのないこの身体を離れたところから操作しているだけなのだ……。無表情にこういうことを口にする少女は少なくない。これこそ、解離のメカニズムそのものだ。
しかし、だからと言って彼女たちが「お金のため」と割り切ったその仕事で絶対に傷つくことはないかといえば、それも違う。漫画家の西原理恵子氏も中村うさぎ氏との対談の中で語っていたことばから、抜粋しよう。

「べつに減るもんじゃないし」とか言うけど、減るもんだし。
（『人生張ってます』小学館文庫、二〇〇一年）

減るのはなにか、ということはさておいて、なぜ減るか、の手がかりが少年のことばにポロリと顔を出す。親ともバイト先の同僚ともうまく関係を構築できない少年だが、それでも「自分の価値を証明したい」というほとんど本能的な欲求があるのだ。愛情も感じない相手と身体だけの交わりを持って、快感を得ているフリをして、それなりの金銭を受け取って「うまくいった」と思っているつもりでも、その一連のパフォーマンスにわずかでも「あなた（の欲望）にとって、私（の身体）は価値がある？」という証し、つまり自己確認を求めようとしたならば、やはり何かは減ったり傷ついたりしているのかもしれない。

ここにもやはり、解離のメカニズムという逃げ道を残した上での捨てばちに見える行為の中に、「自己消去そして自己再獲得」へのわずかな意思が隠れている。

命がけのサイレント・パフォーマンス

こうやって今を生きる若者たちは、大人から見ると刹那的で自暴自棄とも取れる行為に衝動的に走り、まったくもって「自分を大切にしない」。ハデなファッション、バイクや車での暴走行為など、明らかに自己顕示のためのパフォーマンスを繰り広げる若者のほうが、大人にはまだ理解可能であっただろう。そして、後先も考えずに自分や他者を傷つけるような行為をした後、若者たちはまるで計算したかのような絶妙のタイミングで解離のメカニズムを働かせ、「私ではなくもうひとりの私がやった」「自分がやったことという実感がない」「どうせ私には関係のないこと」と淡々とした表情で語る。それがまた、大人の目には鈍感さや無責任さにも映る。

しかし、繰り返し述べてきたように、一見、理解不可能な若者たちの衝動行為、自傷行為などは、「自分を消したい。そして、新しい自分を手に入れ、失った自己肯定感や自尊感情を手に入れたい」という彼らなりのパフォーマンスなのだ。

そこに隠された彼らの〝小さな叫び〟を聞き逃してしまえば、私たちはどんなレベルでも彼らとのコミュニケーションを取ることはできないだろう。注意しなければ見逃してしまうほどひそやかで、しかも集団ではなく個別に行われる現代の若者のパフォーマンス。しかしそれは彼らにとっては、命がけのサイレント・パフォーマンスであることを私たちは知るべきだ。そうしなければ、私たちも気づかないうちに、多くの若者がひっそりと人生という舞台、世界という舞台から退場してしまうことにもなりかねないからだ。

アイデンティティと苦闘する若者と大人

下斗米淳

はじめに――問題の所在

ジベタリアン、バタフライナイフ、援助交際、キレる、パラサイトシングル、パーソナル化傾向、自己チュウ……。その時々で、若者の特徴として多くの形容がなされてきた。また、神戸の小学生殺害事件（平成九年）、栃木の女性教師刺殺事件、東京の中学生偽やせ薬事件（平成一〇年）、京都の小学生殺害事件〈てるくはのる〉（平成一一年）、愛知の主婦刺殺事件、佐賀のバスジャック事件（平成一二年）、三軒茶屋駅傷害致死事件（平成一三年）、長崎の男児誘拐殺人事件、大阪の家族殺傷事件（平成一五年）、佐世保の級友刺殺事件（平成一六年）、寝屋川の小学校教職員殺傷事件、枚方の母親撲殺事件、福島の高校立てこもり事件、町田の少女殺害事件（平成一七年）……、痛ましい事件の数々。私はここで、若者の犯罪が凶悪化しているか否か、あるいは犯罪自体が増加しているか否かを論じようというのではない。まずもって、このように形容され、これらの事件が報じられるたびに、現代の若者が「見えない」と誰もが思うようになってきたことを確認しておきたかったのである。

これらの事件が起こるたびに、若者が変わってしまったという論調になる。確かに、こうした事例に見る若者のパフォーマンスは、大人のそれとは一見して大きく異なっており、それゆえに理解しづらいことであろう。しかし、だからといって、そのパフォーマンスを生み出している人間の心理機序まで変わったと考えることは、性急すぎるように思われる。なぜなら、若者のパフォーマンスの問題について、その理解と解決への糸口を、大人も含めた人間全ての根源的な心理機序に求めていくこともできそうに思えるからである。例えば、暴力という顕現化した攻撃性は、人間の根源に共通して考えられるであろう。

パフォーマンスは心理学の専門用語ではない。人間のふるまいや反応など、広く行動を指して用いられる。本論でも、パフォーマンスを人間の顕現化した行動とする。しかし、顕現化したさまざまな行動のなかでもとりわけ、現代の若者の多くによく見受けられるようになってきたとされる、大人から見ればいわば風変わりな行動が、本書全体において若者理解の手がかりの一つとされる。その意味でここでも着目していくことになる。しかし私は、若者が大人と質的に異なったと結論づける前に、人間全ての心理機序から、そのようなパフォーマンスが生み出されてくる可能性があるのか否かについて、これから考えていこうと思う。

私らしいということ――アイデンティティとは

〝透明な存在〟として報じられたとおりに、神戸の小学生殺害事件や佐賀のバスジャック事件における少年、あるいは本書の巻頭で精神科医である香山リカが論じるように、リストカット、ピアッシングにタトゥー、売春などのパフォーマンスを繰り返す若者に、強い孤独感や、「私が私と感じられない」「生きている実感がない」という現実感の希薄さと、それゆえの「自己の存在感」と「自己の再構成」に対する強烈な希求が想定できるとするならば、やはりまずは、この私らしさや自分であるという感覚、すなわちアイデンティティのありかたについてみていくことが必要であろう。

アイデンティティとは、精神分析的自我心理学者のエリクソン（Erikson, E. H.）が提唱した概念であり、私は他の誰とも違い唯一（単一性）で、独自な存在（独自性）であるという不変性と、これまでも私なら、現在も、そしてこれからも私であり続けるという連続性の感覚をもつ自分が、例えば役割や職業、身分などのような社会のなかで是認されるカテゴリに所属する自分という感覚と合致することであり、またそれによって得られる安定感や自尊感情などを意味している。このようにアイデンティティは、私らしさの源泉であり、存在そのものや価値などを保証してくれるものでもある。誰もがこのアイデンティティを暗黙の前提に、危険を避けて自分を守り、自分を満足いくようにと努めていく。この意味で、私たちが生きていく上にアイデンティティは不可欠なものと考えられてきた。

さらにエリクソンは、青年期の若者には身体的、心理的、社会的な変化が激しいために、それまでに獲得されてきた不変性と連続性が揺さぶられ、自分を見失ったり自分がわからなくなる危機に陥りやすいとする。あれもこれも、どれもそれも自分のまま一つにまとまらず悩み苦しむ状態は、アイデンティティの拡散と呼ばれ、生きにくさを呈させる危機的状態であると考えられている。

もちろん、いつでもアイデンティティの確立が世の中から求められていたかというと、そうではなかった時代もあったように思われる。一九七〇年代の終わりから八〇年代の前半くらいには、とくに、マルチ人間という言葉で一つのカテゴリに収まらないことを良しとする風潮があったのではなかろうか。しかしそれも長くは続かず、マルチメディアのようなテクノロジーとは別に、こと人間に関していえば一九八〇年代の後半になると一転して個を確立することが望まれるようになってきたように思われる。社会心理学者のディザードとガドリン（Dizard, J. & Gadlin, H.）は、一九九〇年の時点で、産業の進歩に伴い個人ごとにマーケットを選ぶ能力と他人に左右されない自分らしさが求められるようになってきたと論じている。また当時の中曽根首相のもとに臨時教育審議会が一九八四年に発足し、一九八九年には学習指導要領のなかではじめて個性化教育が明記された。身近なところでは、一昨年大ヒットとなったＳＭＡＰの「世界に一つだけの花」には〝ナンバー・ワンにならなくてもいい。もともと特別なオンリー・ワン〟という歌詞がある。現代の多くの人に共感をよんだ事実からも、今日までアイデンティティの確立を迫る風潮をうかがうことができるように思われる。

ところでこのアイデンティティという言葉は、日本語に置き換えると同一性となる。つまり、不変性と連続性をもつ主体の自己をあるカテゴリに同一視（アイデンティファイ）していった結果を示す言葉である。逆に言えば、社会心理学者の中村陽吉（二〇〇二）も指摘するとおりに、アイデンティティ獲得の前提には当然同一視すべき先の何らかのカテゴリが対象としてなければならない。心理学においては、この同一視すべき先のカテゴリをその性質から二種類に大別して考えてきた。

例えば、社会心理学者のクーンとマクパートランド（Kuhn, M. H. & McPartland, T. S., 1954）は、私たちが自分らしさをとらえる際、一つに、自分を社会一般に共通の理解が得られる集団や階層のメンバーであるとすることがあるように、誰からも了解可能な社会的なカテゴリを用いる場合と、もう一つとして、同一の社会的集団や階層に属する他人との比較において自分の独自性を定位できるカテゴリを用いる場合とがあると論じている。例えば、前者は〇〇大学生であるとか、少女であるとか、あるいは夫であるとか、銀行員であるなどの社会的カテゴリであり、後者としては、明るいとか、飽きっぽい、物憂げであるとか、スポーツ万能であるとか文学に精通しているというような態度やパーソナリティ特性に関わるカテゴリである。自分をある所属集団や階層と同一視し、そのメンバーとして自分を理解し行動しようとする時、社会的アイデンティティが獲得されていることを意味し、一方でその所属集団や階層のなかで自分という個人が他人と異なる存在であることを態度やパーソナリティ特性の点から理解する時、個人的アイデンティティが獲得されていることになる。なお、同じ社会心理学者の永田良昭（二〇〇三）は、二つのカテゴリのいずれもが社会に広く理解されていなければならないのであり、また個人の外に社会が存在するかのような発想に陥りやすいという点で、従来社会的アイデンティティという呼び方であったものを集合的アイデンティティ（正確には集合的同一性）に改めている。ここでもこの表現を用いる。

このように、大人であろうと若者であろうと、人間には共通してこの二種類のアイデンティティを獲得しようとする心理機序が仮定できる。私たちは、自らが私らしさに気づき、それをまた実感していくために、集合的アイデンティティと個人的アイデンティティのいずれをも獲得していかなければならないことになろう。ところが、私には、若者のいわば風変わりとされるパフォーマンスを生み出している原因が、この二種類のアイデンティティの獲得がうまくいかないところに還元できるように思えてならないのである。

パフォーマンス理解の枠組み

まずもって図1をご覧頂きたい。これは、若者の数多く顕現化されたパフォーマンスのうち、とりわけ風変わりとされるものを、前節で述べた二種類のアイデンティティがそれぞれ獲得されているか否かという観点から、整理してみようと試みた結果である。

第1象限にある人々は、集合的・個人的アイデンティティ双方が確立されている状態を意味しており、社会的存在を意識しながらも個人としての独自性も自覚できるという点で、当人自身も周りの他人にとっても適応的で了解しやすい状態であると言えるであろう。

しかし第2象限の人々は、集合的アイデンティティが獲得されないままあるいは何らかの理由で集合的アイデンティティを失ってしまい、個人的アイデンティティだけが突出してしまっているような状態であると考えられはしないであろうか。例えばひきこもりである。似たような現象に、一九六〇年頃から問題となっていたスチューデント・アパシーがある。このスチューデント・アパシーであれば、学校には行かなくても、アルバイトやサークル・クラブなどはできてしまう。しかし、現代のひきこもりは完全な自室への撤退であり、例え必要な買い物であろうと、好きな歌手のコンサートであろうと、第三、第四の生活領域にも立ち入ることがなくなってしまう。さらに多くの場合、家族との接触すら限られている。この点では、きわめて社会性が低くなっていると言えよう。

あるいは職業選択の様子やフリーターの存在からも、この象限の特徴を読みとることができるように思われる。弁護士であり、また青少年問題に多くの論究をくわえている千石保（二〇〇〇）は、若者の職業意識や会社選びについて、真っ先に「自分の才能が生かせる」かどうか、「自分にとっておもしろいと感じられる」かどうかを基準としている若者が非常に多く、結果、もしも仕事と自分との間にミスマッチが起こると、たちまち離職や転職して

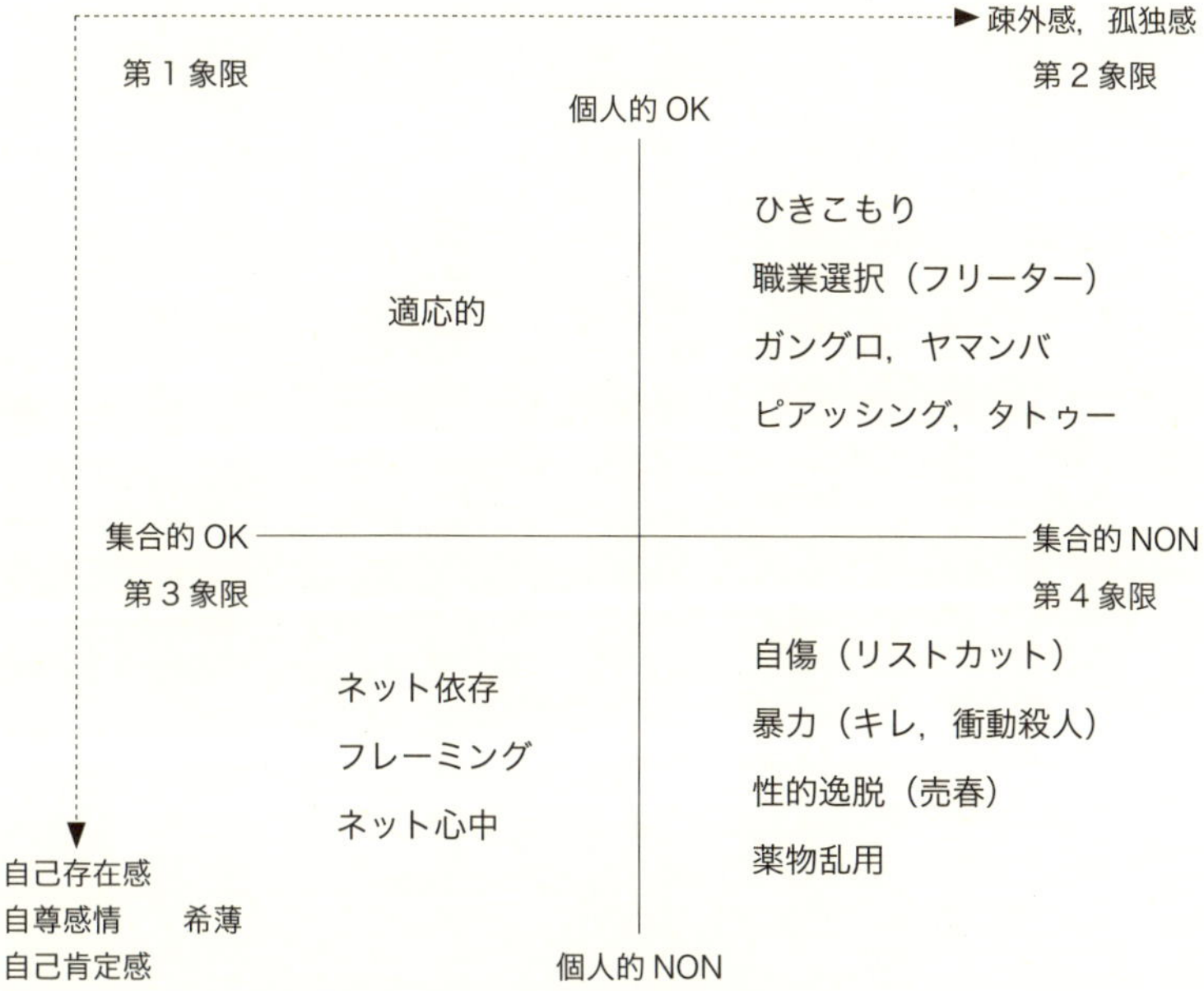

図 1　アイデンティティ獲得とパフォーマンス

しまうのであろうと論じている。まずは個人的アイデンティティが前面に出てくる様子をうかがうことができるのではないか。したがってまた、個人的アイデンティティを確認させてくれるような仕事が見つからなければ、ある特定の社会的カテゴリを選択しないまま、とりあえず自分の食い扶持だけを確保するために〝消極的〟フリーターとなる。あるいは同じフリーターであっても、「いつかはメジャーなミュージシャン」「自分の感性が大切にできる映画づくりに将来携わりたい」など、ビッグになるための助走期間として今フリーターを選ぶ〝積極派〟もいることであろう。もちろん、〝積極派〟がもつ職業意識や選択の動機自体は、悪いことではない。しかし、生育の過程で去勢（幼児期に育つ万能感を除去し、現実の自分を受け入れることを言う）を経験せずに、自分はすごいことができ、自分の要求はいつも合理的で、だからこそ他人はその要求を満たしてくれる道具であるかのように感じたままの過度な自己愛が背景にあるとすれば、やはり問題といわざるを得ない。

九〇年代の終わりには急速な衰退をみせたが、ガングロやヤマンバといわれる風俗からも、一見して、子どもや大人と差別化を図り、「今が旬」の自分を個性化させようという気持ちを読みとることができるように思われる。社会学者の宮台真司は精神科医の斎藤環との対談（二〇〇三）のなかで、女子高校生は男性の性的視線を遮断するために、原住民メークをし、街で遊ぶかわりに友だちの家にマッタリと集まる「お部屋族」になったのだとする。「二〇歳になったらもうオバサン、今が旬で一番いい時」の自分を強く意識している彼女たちからすれば、高校生であるとか女の子であるとかといった集合的アイデンティティをとることで周りから誤った了解をされないように、あえて新たな社会的カテゴリをつくり出そうとした結果であると解せるのかも知れない。

第3象限からは、集合的アイデンティティは確立されているものの、一方で個人的アイデンティティが希薄な状態を背景にうかがえるのではないかと思う。しかしここでの集合的アイデンティティとは、〇〇商事に勤めているとか□□大学に通っていると言われれば、それを聞いた大方の人は〇〇商事や□□大学の名を知っていて、漠然とでも何らかのイメージを作り出すことができるというような、広く誰もが容易に了解できる社会的カテゴリへの同一視ではない。佐賀バスジャック事件の少年は、「ネオ麦茶」というハンドル・ネームで掲示板への書き込みを繰り返しながら、ここであれば自分は受け入れられるという所属感を得ていたのであろう。仕事でネットを多用する場合とは違い、チャットや掲示板などのネット上での集合は、誰もが了解できる社会的カテゴリのいずれにも所属感をもてないうちに、例え限られた匿名の人々によるものではあっても、ようやくたどり着けたギリギリの集合的アイデンティティ獲得の対象であったように思える。

そもそも、ある社会的カテゴリを用いてアイデンティティが獲得されるためには、そこでのカテゴリに共通する人物像と自分とがどこか似ていると感じられてはじめて、だから同一視できるようになるのである。香山が論じる「ドクター・キリコの診察室」に集まる若者も、あるいはネット上で知りあいともに自殺を図っていった若者たちも、社会一般に了解可能なカテゴリに同一視できず、ともに死や自殺への指向を同じくしている者同士という類似感がつくり上げたカテゴリでアイデンティティを得ようとしていたのではないか。すでに「自分なんて最低」という自己否定感が強められた状態で、自分と同じ人々からなる空間に引き寄せられていく。個人的アイデンティティのもてない状態で、かろうじてネット上のカテゴリに同一視できたのである。しかしながら、本論で後に詳解することになるが、類似感ばかりが強調された空間とは、「居心地のいい」反面で、そこに集う他者と自分との差異を必ずしも明確にはしてくれないものなのである。すなわち、もともと個人的アイデンティティの確立が困難な空間なのである。それでもなお、その場で個人的アイデンティティを得ようとすれば、他者に対して指示的になったり、相当に目立つ極端な言動をとらざるを得なくなるのは自然の成り行きであろう。彼らが「存在感ナシ」という言葉を恐れる理由は、個人的アイデンティティ確立のために他者との差異を示そうとはするもののそれがうまくいかなければ、同時にせっかく手に入れた集合的アイデンティティをも失ってしまうことになるからなのではないか。「存在感ナシ」とされて大きなことを起こそうと考えたとされる「ネオ麦茶」少年も、あるいはまたネット上でのフレーミングや荒らしを行う者も、ギリギリのところで確立させた集合的アイデンティティを守り、一方で個人的アイデンティティを求めようとしている姿の現れのように感じるのである。

そして第4象限。ここには、リストカットなどの自傷、「キレ」やいわゆる衝動殺人などの暴力、売春などの性的逸脱、アルコールやシンナーなどの薬物の乱用などを位置づけてみた。私には、これらのパフォーマンスが、集合的・個人的アイデンティティのいずれをも確立できずに、それらを希求しようともがいた結果、あるいはもがいている過程で生み出されたものであるように思える。そしてもう一つ、これらのパフォーマンスを見聞する時にいつも頭に浮かぶ言葉がある。それは、アレキシサイミアという精神医学用語なのである。アレキシサイミアとは、簡単に言えば、自分の感情の制御がうまくできない状態のことである。精神科医の福西勇夫（二〇〇〇）は、自傷行為や性的逸脱、薬物乱用、他者への過度の攻撃といった臨床事例には共通して、アレキシサイミアの特徴が認められるとしている。

一般にアレキシサイミアの特徴には、①自分の感情を言語化することが困難で身体症状を訴えることが多い、②事実関係だけを詳細に述べたてるものの、その際の感情的ニュアンスは極めて乏しい、③観念・思考内容が単調で空想力に乏しい、④自分の感情がわからないため他人の痛みなどを理解することができない、⑤自分の内面が理解できない分、外界への機械的な働きかけが活発化する過剰な適応状態、があげられる。福西は、これらの特徴を呈する感情の不制御が重篤になると、〝自分の心の中の喜怒哀楽の座標軸さえも同定できないレベルにまで発展し、「自分の感情がどうなっているのかわからない」〟状態に至ったり、〝その場にそぐわない怒りや攻撃性や敵意性などの感情が意思とはかかわりなくあたかも心を介さないで自動的に〟表出されてくると述べている。もちろん、この象限に位置づけられたようなパフォーマンスを行う若者のすべてが、このアレキシサイミアであると言いたいわけではない。しかしながら、先の特徴とされるもののうち少なくとも一つなり二つなりは、やはり認められるものではあろう。

このアレキシサイミアの原因については、神経生理学的観点、精神分析学的観点や発達心理学的観点から説明されてきた。このように諸説あるなかで、先の福西は興味深い指摘をしてくれている。子どもは優れた適応力を備えているゆえに、幼少期から、親の喜ぶ顔を見たくて親が気に入る「仮面」をかぶり続けて、言いたいことも言えずにいる。これが普通になれば、感情表現が下手になっても不思議はないであろうし、自分の素顔すらわからなくもなるであろうと述べる。ここでもしも、何かの拍子で仮面は仮面でしかないことに気づいたとしたならば、どのようなことになるであろうか。家族のメンバーとして、あるいはこの親の子どもとして、成績がこれくらいの中学生として……、そのような集合的アイデンティティがいったんリセットされるのである。その時同時に、個人的アイデンティティも失われ、素顔の自分さえもわからなくなるのではなかろうか。

香山は冒頭論文のなかで、リストカットについて、「『素に戻る』通路がないことを直感していたからこそ自傷行為を続けていたのであろう」し、「自傷行為は離人状態から抜け出すための唯一の手段」であったのだとしている。あるいはウリを繰り返す少年について、「親ともバイト先の同僚ともうまく関係を構築できない」この少年が、売春によって「『あなた（の欲望）にとって、私（の身体）は価値がある？』という証、つまり自己確認を求めようとした」可能性を指摘していた。もはや集合的アイデンティティもなく、また個人的アイデンティティをもわからなくなったなかで、ある若者は、痛みによって自分の身体に直接働きかけて現実感をとり戻そうと自傷を繰り返し、ある若者は他人の欲望のなかに自分の価値を見出そうと売春を行い、また別の若者は「人間が壊れやすいかを確かめる」ことで「人間の存在」感により確かな手応えを得ようとしたのではなかろうか。

集合的・個人的アイデンティティ双方が未確立の状態は非常に危機的である。しかし、いずれか一方が未確立であっても、やがては第4象限へと移行していかざるを得ない場合が多いことであろう。集合的アイデンティティが得られてはじめて、そこのカテゴリ内における自他の差異が個人的アイデンティティのもとになる。集合的アイデンティティのないまま、個人的アイデンティティだけが確立されるということは本来考えにくい。第2象限の人々に個人的アイデンティティが確立されているとするならば、それは社会的カテゴリが奪われたか、もしくは過度の自己愛の現れであるようにも思われる。一方で第3象限において集合的アイデンティティが確立されているとしても、ネット上の関係は、いつでも自ら断ち切りあるいは逆に遮断・拒絶される可能性をもった危ういものでしかない。また類似感しかなく、そこに集う者は皆それぞれに異質であることを実感することがむずかしい空間なのである。それでもなお彼らは、そこにいる他人と異質であることを何とか見せつけて存在感を得ようと試みていく。しかし異質であろうとするほど、類似感によってつくり出された関係は崩壊の道へと歩み出す。そしてネット上の関係が自分から失われる時、第４象限に移行することとなるのであろう。

若者の他者との関わり方——集合的アイデンティティの実態

本論の「私らしいということ——アイデンティティとは」（七九頁）において、集合的アイデンティティとは自分を社会一般に共通の理解が得られるある集団や階層のメンバーであるとすることであり、一方の個人的アイデンティティは、集合的アイデンティティを得ている集団や階層に属する他人との比較において自分の独自性を定位することであると述べた。そうすると、私たちは、集合的アイデンティティを個人的アイデンティティに先んじて確立させていることが必要ということになる。では現代の若者において、どのような集合的アイデンティティが実際に獲得されているのであろうか。また、とかく最近の若者の人間関係を評して、狭いであるとか、深くふれあおうとしないなどという声もよく耳にする。そこで、現代の若者が、どのように他者や世間、社会と向きあおうとしているのか、言葉を換えれば、集合的アイデンティティの実態をみてみよう。

私は最近（二〇〇二、二〇〇四）、東京、神奈川、千葉、福島に在住する大学生を対象に、若者の人間関係ネットワークに関する調査を行った。まず、大学生が悩みそうな事柄として、友人関係上の問題や家庭生活に関わる問題、学業のことや恋愛問題、お金のこと、身体・健康のこと、将来や人生観に関する問題など一三の問題（アイデンティティの具体的中身）を設定しておいた。その上で回答者には、それぞれの問題について、どのような人や集団（家族、親戚、近隣者、学部・学科の人、サークル・クラブの人、恋人・片思いの相手、アルバイト先・職場の人、教職員、書物（雑誌や小説等）にみる架空ないし実在の人、TV・映画・インターネットにみる架空ないし実在の人、法規・道徳・慣習、自分の過去経験や信念）を、自分の指針や参考にしたり、お手本にしようと思うかを尋ねてみた。こうして、今の若者が自分の行動や考えの準拠枠として同一視できるととらえている社会的カテゴリとは、どのようなものとなっているかについて調べてみたのである。いくつかの興味深い結果のなかからとくに

表１　男女回答者別の人間関係ネットワーク類型

男性回答者（231 人）

・**「内・外集団を分極化させるタイプ」（111 人，48.1%）**
　外在の知識と一次集団とが準拠集団として併用される。
・**「全ての対人関係が希薄なタイプ」（49 人，21.2%）**
　相互依存的な対人関係をもとうとしない。
・**「広範な準拠集団をもとうとするタイプ」（37 人，16.0%）**
　全ての対人関係を準拠集団としていこうとする。
・**「友人関係にのみ埋没するタイプ」（34 人，14.7%）**
　身近な友人関係だけで，家族や地域，あるいは世間に目を向けようとしない。

女性回答者（275 人）

・**「広範な準拠集団をもとうとするタイプ」（62 人，22.6%）**
　全ての対人関係を準拠集団としていこうとする。
・**「全ての人間関係が希薄なタイプ」（61 人，22.2%）**
　相互依存的な対人関係をもとうとしない。
・**「世間に拡張していかないタイプ」（54 人，19.6%）**
　家族や友人などの一次集団のみを準拠集団とする。
・**「権威受容タイプ」（52 人，18.9%）**
　権威集団や世間集団のみを準拠集団とする。
・**「知識偏重タイプ」（46 人，16.7%）**
　家族や友人，教職員や職場，地域社会等の直接相互作用がある人間関係に目を向けず，書物やメディアを重視する。

下斗米（2002，2004）より

本論との関わりのあるところだけを紹介していくと、次のような結果であった。準拠しようと望む気持ちの強弱をもとにサンプル・クラスタ分析という解析を施し、大学生の個人タイプを割り出した結果が、表1（前頁）に示されている。

表1のとおりに、確かに、「友人関係にのみ埋没するタイプ」や「世間に拡張していかないタイプ」など、狭い人間関係しかもとうとしない若者が多く、また「知識偏重タイプ」のように生身の人間を避けたり、「対人関係の希薄なタイプ」のように相互依存的な関係ではなく偶発的にくっついて離れていくような関係しかもとうとしない若者も見受けられた。ただし「狭く」「希薄なタイプ」とされた若者には、その必要がないから広く相互依存的な関係をもたないだけであった可能性もある。また確実に「広範な準拠集団をもとうとするタイプ」も少なからぬ頻度でみられた。したがって、若者の人間関係をつくり出そうとする力が萎えているとまでは必ずしも言えないことに、注意しておく必要があろう。

しかしながら、総じて言えば、若者のかなり多くが、そう簡単に多様な人間関係や集団のメンバーシップをもちえているわけではないのである。では、どこにむずかしさがあるのであろう。集合的アイデンティティを獲得する際の悩ましさとはいったい何であろうか。

人間関係の悩ましさ

「類は友を呼ぶ」「似たもの夫婦」とよく言われるとおり、確かに自分と似ている他者ほど好意を感じやすいものである（Byrne, D. & Nelson, D., 1965）。これには二つの理由がある。一つは合意的妥当化といって、自らの心理的特徴（例えば、自分の考えや性格への評価の正しさであるとか、欲求の強さなど）について、他者との一致や合意をもってその〝正しさ〟を保証しようとする人の傾向である。自分と似ている人と一緒にいる限り、常に自分の考えや評価・判断は少なくとも〝まんざら間違っているわけではなさそうだ〟と思い続けられるであろうし、したがって変える必要も感じずにすむ。だからこそ、似ている人と一緒にいると、「ホッとできる」し、「安心でき」て、さらには「自信さえ与えてもらえる」ことになろう。逆に言えば、私たちはそうした気持ちにさせてくれる、この似ている人をお互いに求めあうようになるのである。二つ目には、似ていれば、相手のことを根掘り葉掘り聞いたり調べたりといった手間暇も少なくてすむことがあげられる。似ている人であればそうでない人と比べて、自分をふり返るだけで簡単にその人の次の行動や現在の気持ちなどを想像することができるわけである。だからこそ、そうした人たちと一緒であれば、「気軽で」いられ、「裏を考えずに」、しかも「すぐに相手の行動に対応していける」であろう。このように、心理学では、類似性が情緒を生み出す強力な源泉として機能しており、お互いを惹きつけあわせ、人間関係をつくり出す上に欠かすことのできない条件であると考えられている。

しかしながらその一方で、「ボケとツッコミ」「夫唱婦随（婦唱夫随）」などとも言われるように、違っているからこそうまくいくということも事実である（Winch, R. F., 1959）。この理由は、人間関係が役割分担を必要として成立しているところにある。例として夫婦をみてみると、結婚したその日から家事や、子どもができれば育児といった課題を適切かつ速やかに解決していかなければ、夫婦関係を維持できないことになろう。そこで毎日のことでもあるし、この課題を解決するためには、どうしても役割分担が必要となってくるわけである。しかしその役割分担をするためには、お互いどのようなところで相手より優れていて劣っているかをあらかじめ合意しておかなければならない。料理であれば、その腕前や経験、知識についてお互いの間で優劣がわかっていてはじめて、だから優れている方に料理の主を、劣っている方が補助的な役を担うことができるであろう。つまり、異質性は人間関係を維持していく上で直面する課題を解決するための道具として機能していると言える。この異質性もまた、人間関係を成立させる重要な基盤となっているのである。

このように、私たちが人間関係をつくり出し維持していくためには、お互いの間で似ていてかつ違っていることが必要なのである。しかし、実際に関係の成立基盤となっている類似性と異質性であるが、これらを論理的に考えるといかがであろうか。お互いが似ていることを示せば、それは違っていないことを明らかにしたことになるし、違っていることとはすなわち似ていないことである。そもそもに相並びにくいもの同士なのである。

ところが、例えば上司や親、教師のような縦の関係を想定してみると、やみくもに同じであろうとすれば馬鹿にされるだけかも知れない。なぜなら異質性がないからである。かといって自分は上司だ、親だ、教師だと異質性だけを強調すれば、疎まれ嫌われるだけであろう。なぜならば類似性が満たされないため、好意や信頼感が醸成されないからである。同じでありながら一目置かせるほどに違っていなければいけない。人間関係の成立には、この相並び立ちにくい二つの事柄をじょうずなさじ加減で両立させていくことが求められているのである。私たちは、人間関係をつくるであるとか、集団のメンバーになるとかと簡単に言うけれども、実はそもそもにそうたやすいことではない。したがって、若者だけが人間関係をつくりにくいのでもなければ、悩みを抱えやすいのでもなく、私たち全てに人間関係のむずかしさがある。本来人間関係とは悩ましいものであり、生きていくなかで人間関係が不可欠である以上、類似性と異質性をうまい具合に備えた人間関係をつくり出せないとなれば、生きにくさを感じないではすまないのである。

生きにくさを感じるとき——孤独感や存在感のなさが生じる理由

ここでもう一度おさらいをしておくと、好意などの感情を生み出す類似性と課題解決の道具として働く異質性は、ともに人間関係を成立させる基盤となっている。したがってある社会的カテゴリでメンバーシップを得ていく過程とは、お互いに似ているところと違っているところを明らかにしあう過程なのである。そして集合的アイデンティティが獲得された時、また個人的アイデンティティも確立される素地ができることとなる。ところが、似ていないことを示す異質性は魅力の障害になると考えられた。このように類似性と異質性は両立しがたいもの同士である。そこに、そもそも悩ましさや生きにくさを生じさせてしまう理由があるのではないか。そのようにこれまで考えてきたわけである。

では、本当に類似性と異質性とのバランスがうまくいかないと生きにくさを感じてしまうことになるのであろうか。うまく生きていける人は、実際にどのようなさじ加減でこれらを両立させているのであろうか。

私（二〇〇二）は、大学生を対象にして、クラブ・サークル集団内で類似性と異質性のバランスのとられ方が、その個人の漠とした日頃の孤独感であるとか存在感、充実感などとどのような関係にあるかを調査したことがある。同じ集団のメンバーとしてとか、同様の経験や共通の目標をもつ者同士というようなお互いの類似性をもとに〝自分は日頃他者の気持ちをじょうずにわかってあげられる理解者になっている〟と思う程度（情緒的機能の発揮度）を尋ねてみた。また一方、クラブの運営上に必要な知識や手腕を他のメンバーよりも多くもつ者として、その異質性から〝自分は知識や手腕などでクラブ・サークル運営に欠かすことのできない存在となっている〟と思う程度（道具的機能の発揮度）も聞いておいた。そして、それぞれの発揮度から、回答者を「高」「中」「低」の三群ずつの合計で九群に分類しておき、そこに分類された個人の孤独感や存在感、充実感などの強さを測定し、群間で比較をして

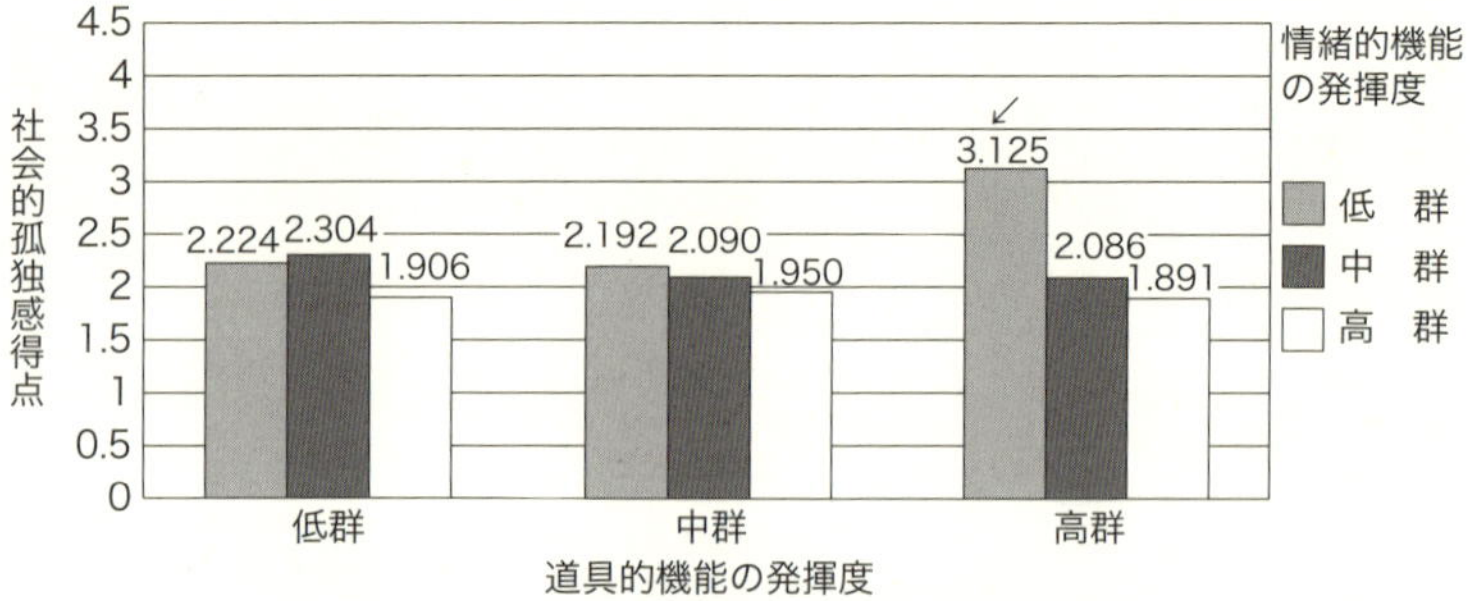

図 2-1　社会的孤独感発生の差異

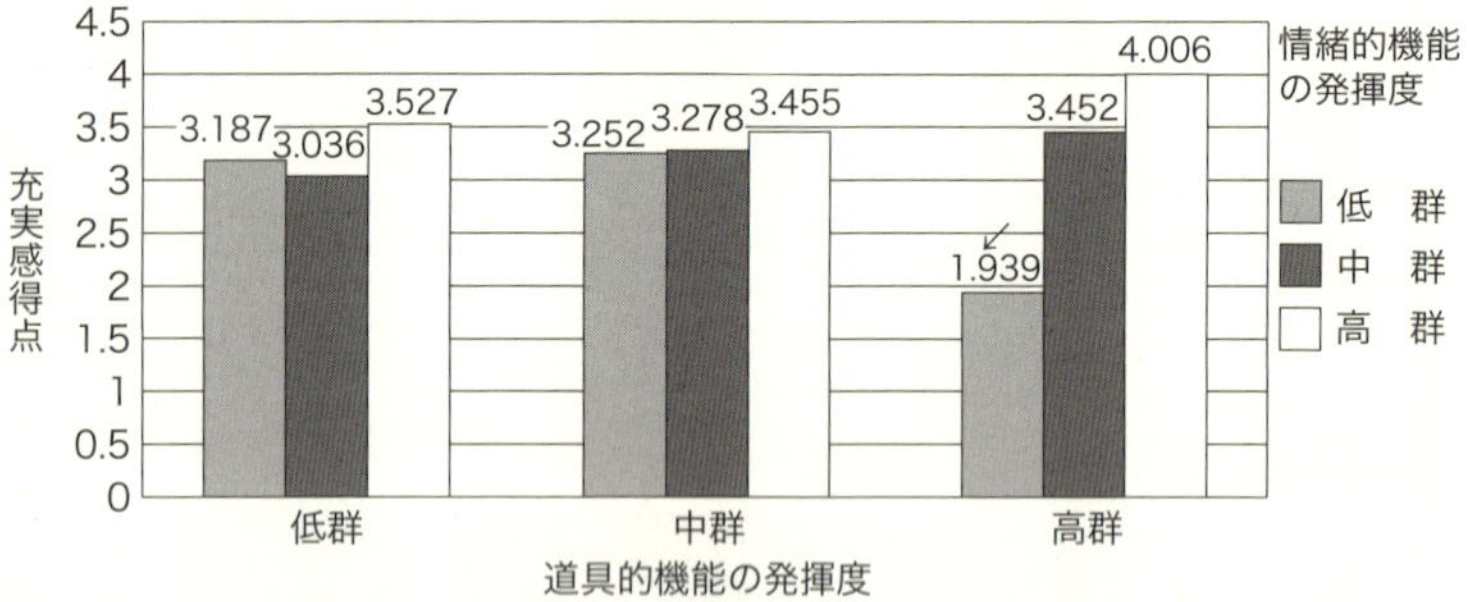

図 2-2　充実感発生の差異

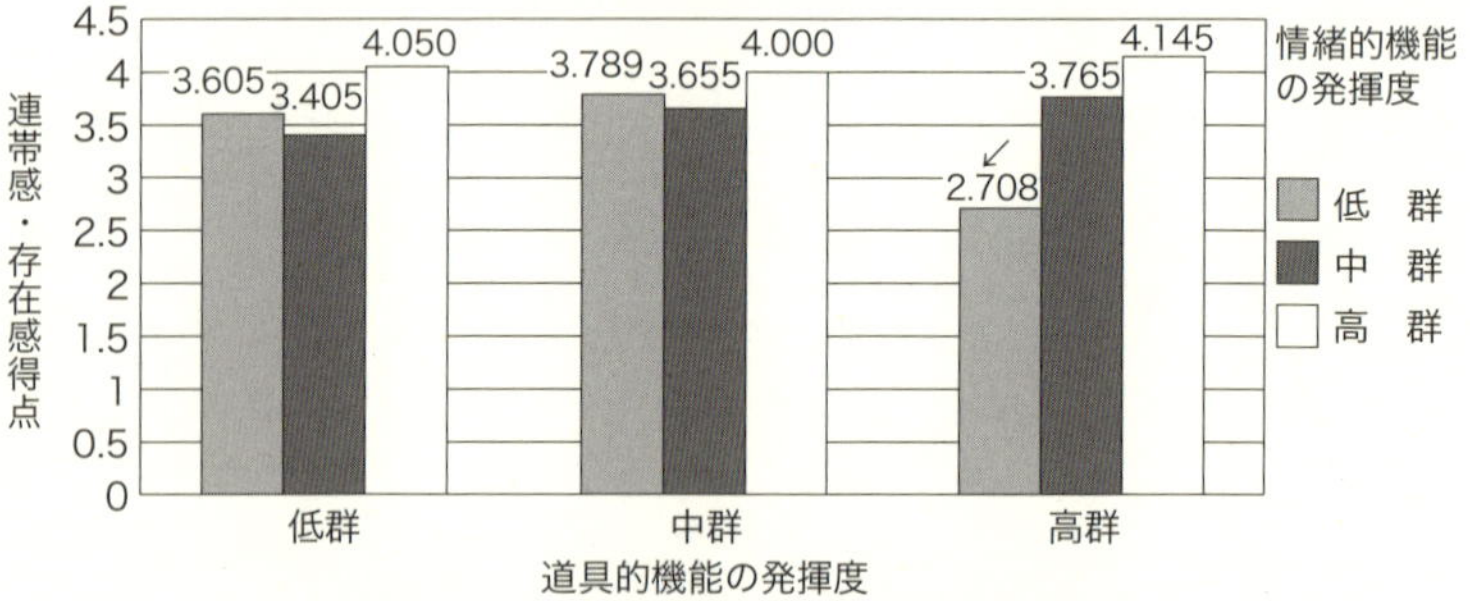

図 2-3　連帯感・存在感発生の差異

道具的機能（異質性）が高くても情緒的機能（同質性）が低いと孤独感が強くなり、充実感や存在感が弱められてしまう（図中の矢印に注目）。

みたのである。結果の一部は図2に示してある。

得られた結果のなかでとくに注目すべきであるのは、道具的機能の発揮度「高」群についてである。図2から明らかであるが、異質性に基づいて自分に与えられている役割を高く遂行できている（と思っている）人に限り、そこに類似性にもとづく情緒的機能も高く発揮されていると、充実感や存在感などが強く感じられていることがわかる。逆に、道具的機能は高いけれども情緒的機能が低いままであると、とたんに孤独感が発生してくる様子をうかがうことができたのである。どうやら、両者のバランスがこのあたりになるところで、私たちには悩ましさであるとか生きにくさを感じさせるターニング・ポイントが訪れてくるようである。そしてこの傾向は、家族集団においても、おおむね同様であった。

「何一つ不自由なく育てられたのに」とか「愛情豊かなご家庭のお子さんなのに」、「なぜ自分の居場所がない」、「さびしい」、「透明な存在」などと言うのであろうか、それが不思議であるといった声もよくよく聞かれるところであろう。類似性にもとづく情緒的な魅力がいくらあっても異質性にもとづく役割分担がなければ、この家庭にあって、自分の存在意義を実感できないことも当然であろう。まさに透明である。また逆に役割ばかりで情緒的働きかけがないようであれば、相手に対する好意や信頼感は醸成されていかない。単に〝やれ〟ではなく、例えば〝君には私にない時間が多くあるのだからやってほしい〟と、その一言だけでもつけ加えられるかどうかがとても大切なことのように、私には思えるのである。

若者にアイデンティティを得にくくさせているもの

私は、本論の最初で、若者が大人と根源的に変わったという前提をとらないと述べた。そして、「見えない」若者に対して何とかして「見えるよう」、人間として共通する心理機序から、考えるところや思うところをここまで述べてもきた。しかし、では同じ根源をもつ人間であるならば、今の若者のパフォーマンスは大人でも行われるはずだとお考えになる方はおられるであろう。

私は、その点について全く異論はない。むしろ、そのことを意図していたと言ってもよい。例えば、ある人が暴力をふるったとしよう。これを見聞きした私たちは、なぜあの人は暴力をふるったのであろうかと考えようとする。そして多くの場合、「昔からキレやすい奴だったから」とか「興奮しやすい性格だから」というように、固有の属性に原因を帰属させて納得してしまう。

そもそも循環論に陥りやすい。しかしそれ以上に注目すべきは、誰でもキレたり興奮できる素地を内面にもっているのであって、時と場合に応じて誰でもがキレられるし、興奮もするはずであるというところである。社会心理学の祖とされるレヴィン（Lewin, K.）は、かつて、自分も含め人の行動やふるまいはパーソナリティと環境との結合関数によって生み出されるものであると述べた。こうしたことはよくわかっているとの声があがりそうである。しかし本当にそうであろうか。先ほどの暴力をふるった人の例に戻れば、多くの場合私たちは、パーソナリティのせいだけにして環境のもつ力を軽視してしまうのではないか。私たちが潜在的にもってしまっている、パーソナリティを過大に評価する一方で環境の力を軽視してしまう二重のバイアス傾向を、社会心理学では基本的帰属錯誤と呼んでいる。つまり、大人であろうと若者であろうと、誰もが等しく人間性のよい面と悪い面をもっているのであり、例え善人でもある環境によって悪い行動を起こすし、悪人であろうともある環境におかれれば善い行いができるのである。同じように、大人と若者とが根源を同じくしているのであれば、大人もまた同様の環境や状況におかれることで、一見風変わりとされるパフォーマンスをたやすく行うことであろう。

そうすると、問題は環境ということになる。現代の若者に、大人がしないパフォーマンスをさせてしまっている環境とはいったい何なのであろうか。私は、残念ながら、この問いに対して明確な答えを出せるだけの十分なデータをもちあわせていない。しかしあえて、思いつくままあげてみるとすれば、次のような環境の変化がありはしないであろうか。

平成一六年の人口動態統計（平成一七年六月発表）によれば、合計特殊出生率（一人の女性が生涯に産む子どもの平均数）は一・二九人と戦後最低となった。このままでいくときょうだいという言葉は死語になるかも知れない。それほどに子どもの数の減少傾向はとどまりをみせない。このような時流のなかで、「専業主婦」という言葉があるのなら、今や「専業子ども」という言葉があっても不思議ではないように思う。大人の手を独り占めできるのであり、子どもとして存在すること自体が家庭への貢献となる。役割は存在自体であり、課題解決に利する資源などで異質である必要もないし、もちろん去勢の機会も家庭内では与えられにくくなるであろう。

しかし学校もまた、去勢の場にはなり得ないはずである。なぜならば、子どもは白いカンバスでありどのような色彩もまとえるように、無限の可能性をもつ存在としての子どもに教育がなされるからである。そしてこの傾向は、特に、個性化が指導要領で明記された八〇年代半ば以降に強まったのではないかという気がしている。それ以前から、努力次第で、どの方面においても有能になり得る可能性があるのだという万能さを子どもに認めて指導を行うことは、教職員の側からいずれの学校においても普通に行われてきたことであろうし、むしろあり得べき方針とされてきたのであろう。しかしこの個性化という表現を用いたことが、あるいはそれを目指せと子どもたちに働きかけることは、語彙とは逆であるかのように、誰にでも、そしてどの方面においても有能になり得る可能性があるという、広く共通した万能感を子どもたちに与えることになったのではあるまいか。教職員の認識だけにとどまることと、子どもに自覚させることとの間には、その結果において大きな差異が生じよう。個性化教育とは、いったん子どもたち全てに潜在的な万能感を与えた上ではじめて成立するものであると考えられる。誤解を恐れない言い方をするならば個性化教育では去勢などしてはいけないのである。むしろ逆に万能感をしっかりと子どもたちに自覚させた後に、だからこそ、「君の個性を目指してがんばれ」とある方面の能力や技能を涵養することが、個性化教育の一つの骨子のはずであろう。もちろん、私自身、子どもたちが白いカンバスであり、多くの可能性を秘めていることには大いに賛成なのである。ところが一方で、万能であることは現実には相当むずかしいことであるのだから、多くのあり得べき可能性の中から、ある方向においては人より抜きん出る可能性を上手にあきらめさせるような指導が、適応上必要になるのではないかとも考えるのである。

心理学の分野において、自己愛傾向の強い若者が多くなってきているという議論がよくされるようになってきた。その理由のいったんは、こうした家庭における子どもの位置づけや教育指導上の変化に還元できるのかも知れないと思う。かくして、家庭や学校という子どもの生育期において重要な空間がこうした変容を遂げるに至れば、それらに代わって、社会のどこかに去勢の機会とその対処を学ばせる場を、人工的に組み込んでおかなければならないことにもなるであろう。

あるいは家族というカテゴリすら、以前ほど強固なものではなくなりつつあるのかも知れない。ダイレクト・マーケティングというセールス戦略がとられるようになって久しい。昔であればテレビＣＦはできるだけ多くの、不特定多数の人の目に触れるよう製作されたのであろうが、少なくとも現代においては、ある層の家庭の、父親だけとか娘だけとかというようにピンポイントでセールスが展開されていく。当然のことながら、同じ家族であっても、個々のメンバーがもつ情報の質も量も同じではなくなるであろう。さらに言えば、父親は電話で、母親は手紙で、息子はパソコン通信、娘は携帯メールといった調子に、コミュニケーション・メディアも一様ではない。以前の家族イメージはもはや、現代においてはあてはまりにくい状況であるのかも知れない。

では、家族の核とも言うべき配偶者関係はいかがであろうか。社会学者のデグラー（Degler, C. N., 1980）は、男女平等意識の浸透が夫婦を、愛情と尊敬というきわめて個人的な感情による結びつきが強調された関係へと変化させていると述べる。また社会心理学者のバーシェイドとキャムプベル（Berscheid, E. & Campbell, B., 1981）は、法律や経済、宗教などにおいて徐々に離婚への障壁が薄れていく傾向のなかで、親密な人間関係を維持するための耐性が弱くなってきているのではないかと論じている。こうなれば、家族にとどまらず、もはや社会的カテゴリ全般の形成自体が変化してきている可能性も指摘できよう。

もちろん、このような環境の変化による社会的カテゴリへの影響は、家庭内の人間関係だけに認められるわけではないであろう。終身雇用が崩れ任期つきでの就業であるとか、人材派遣業務が盛んになり、転職もごく普通にみられるなど、会社等の職場集団は、以前の疑似家族といわれるような強固なカテゴリではもはやなくなった。学校組織においても、入った学校ではなく、個人の能力や学力、技量やスキルといったいわゆる個性を強調するようになって久しいことに加えて、先述のとおりに、去勢はむしろすべきではないこととして避けられるようになってきた。かつて誰もが、かなり共通してイメージすることのできた家族や夫婦、職場や学校などでさえ実態は多様化し、大きく変質を遂げていることは事実であろう。若者のパフォーマンスが発現される理由を、彼ら彼女たちの固有属性ではなく環境の方に求めてみる時、背景にはこうした社会的カテゴリの変質が大きいのではないかと考える。

ここで私は再度、前節までに論じられた二つのアイデンティティの間の関係について読者の皆さんに思い出していただきたいと思う。まず集合的アイデンティティの獲得には、ある対人関係、集団や階層のメンバーとして、そこに属する人々と自己との間に何らかの類似性が必要である。逆に言えば、この類似性を否定して集合的アイデンティティは得られないのであり、少なくともこの限りでは類似していることは常に悪いことではない。また一方で個人的アイデンティティを得るためには、類似感を抱きあう集団メンバー間で、各自の独自性ないし異質性が必要とされる。これが前提となって役割分担を通した相互依存関係も構築されることになる。従って、同じ集団内において異質であることは恐れるべきことではなく、また異質であることに対して、それは必要なこととしてメンバー相互に寛容でなければならないはずのものである。そしてこれら二つのアイデンティティを共に獲得することは、人が生きにくさを感じず適応的に暮らしていくために必要不可欠であること、しかも集合的アイデンティティの獲得があってはじめて次に、個人的アイデンティティを見い出し得るという連関関係にあることも論じてきた。

しかしながら、単純にも見えるこのアイデンティティの獲得ということについて、一体どれほどの人々がこのような理解をしていたのであろうか。例えば、個人である前にこの集団の一員であるとか、あるいは逆に本論で先述した例のとおり、画一化教育ではなく個性尊重であるとかというように、実際はどちらかであるべきという二律背反な考え方が広く流布されていたのではなかろうか。若者のパフォーマンスを理解する上でまずもって望まれることは、これら二つのアイデンティティを二律背反に捉えるのではなく、双方共がいかに合い並び立って獲得されようとするかが、若者の適応・不適応に多大な影響を及ぼす可能性のあることに、もっと私たちは気づく必要があるように思うのである。

今の若者が生まれる八〇年代以前の日本は、少なくとも個性的であるよりも前に、同じ国民として、あるいはコミュニティの一員として、この学校の学生・生徒として、我が会社の構成員としてなど、強い所属感をもち得るほどに明確な社会的カテゴリがまだまだあったのではなかったか。同時に、皆で一緒に豊かになりましょう、皆で共に高めていきましょうというような類似感が何よりも大事にされてはいなかったであろうか。もちろんこのこと自体を悪いことであるとは思わない。ここではっきりとしておきたいことは、そこでの国民性、地域、職場、学校、家族そして夫婦などの社会的カテゴリは、誰からも一義的に理解しやすい明確で強固なまとまりであって、それゆえにまた課題性も同時にもち得ていたように考えられるということである。しかしながら、先述のように、今やこれら社会的カテゴリはことごとく、相互依存性も弱まり成員性も希薄化するような変質を遂げ、また加えて個を強調するように社会全体があたかも一転したかのようになった。集合的アイデンティティの獲得なくして個人的アイデンティティはあり得ないにもかかわらず、同一視できるほどに一義的な理解と共通したメンバー像をもつことが可能な社会的カテゴリは見い出しにくくなっており、また類似性に基づく集合的アイデンティティに先んじて個を明確にするように若者は迫られ続けられてきた。このような環境の変化の中で、以前の若者に比べて現在の若者は、はるかにむずかしい自分探しを余儀なくされているのであり、必死に自分の存在感を追い求め、自己の再構成を試み始めたとは考えられないであろうか。そしてこの結果、ある若者は、こうした時流に対して従順に、集合的アイデンティティをもち得ないまま個人的アイデンティティを得ようともがき、また別の若者は集合的アイデンティティを探し求め、たとえわずかな類似性にも敏感に反応して惹かれあい集い、これまでにない独特な社会的カテゴリを創出しているのかも知れない。

昔と比較して身体の発育が格段によくなってきたことに伴い、第一次・第二次性徴の時期も早くなったという事実も、もちろん若者のパフォーマンスへの影響因の一つとしておかなければならないであろう。しかし、こうした個人内の話だけではなく、経済動態であるとか、社会制度であるとかといった、個人の外をとりまいて起こっている巨視的な変化にももっと目を配る必要があろう。

若者を見るということ

私はこれまで、アイデンティティ獲得の前提に類似性と異質性があり、これらのバランスがうまくとれないと生きにくさが発生することになると述べてきた。したがって、若者の一見風変わりなパフォーマンスを理解しようとするのであれば、このバランスのとられ方、すなわち二つのアイデンティティのあり方から整理してみることが有用なのではないかとして論じてきたつもりである。

しかし、ここで、読者の方々が誤解をされることのないよう、強調をしておきたいことがある。それは、私たちが、あらかじめ用意された、ある特定の集団や対人関係という社会的なカテゴリのいずれかに所属しようという意識的で意図的な動機を初めにもっているのではなくて、まず自分の周囲にいる人々を眺めた上で、自分と似ている人を探そうとするものなのであろうということである。つまり、私たちは、最初に既存の社会的カテゴリから特定なものを選択するのではなくて、まずもって、素朴に自分と似ていると感じられる他者のまとまりを、似ていない人々と区別して、何らかの社会的カテゴリを発生させるということなのである。この時の類似点は、目標や理想であるかも知れないし、境遇であるかも知れない。もちろん発生させたカテゴリは既存のものと一致する場合もあるが、ともかく多様であろう。しかし例えば、「自分なんて最低」とか「自分には生きている実感がない」と思っていても、その想いを同じようにもつ他者がいれば、そうではない人々と区別をして、類似の想いをもつ集団の一員として自分をカテゴライズするものなのである。

その上で、こうして作り出される集団がそのまま類似感のみに包まれ続けるのであれば、極めて居心地はよいに違いないであろうと思う。なぜならば、先に合意的妥当化という心理事象を説明したけれども、同じである他者を見い出すこと自体、自分が同じところをもっているとの自己評価に確証を与え、時には「そんな自分も特別ではなかったのだ」とか「それでいいのだ」とさえ思わせてしまう場合もあるからである。また、ピュアなままでもいられることであろう。なぜならば、そこにいる誰もが自分をわかってくれ、あるいは逆に相手の苦しみを自分の苦しみとして理解することが容易にできるからである。そしてまた、相手を助けることは自分を助けることであり、相手をおとしめたり攻撃をすることは自分をそうすることになるから、何としてもそれを避けたいと願うことであろう。ここに集う若者は、これらを意識的ではなく感覚的であるにせよ気づけるがために、優しくあろうとするし優しさを信じようとするのであろう。

私は、例えば自殺サイトなど、ここで議論の対象になっているインターネット上での集団の多くに、目的の達成や課題解決を全員が協同で行うわけではないという点が特徴的であることを重視しなければならないと考えている。この特徴によって、こうした類似感が人々を集わせ、時には過大に共感しあうことを容易にするがゆえに他人の痛みは自分の痛みとなり、さらには匿名であっても強固に閉じられた「私たち」という感覚を醸成させることにもなる。このようにインターネット上の集団は、ピュア指向を作り出す上には格好の場となり得るのではなかろうか。

しかし現実は、類似感に包まれながらピュアのままでいることを許さないはずである。例えば、食べることや寝ることといった基本的な欲求を満たすためでさえ、少なからぬ経済活動が必要となる。あるいは、類似する者同士の集団には、当然ながら自分たちと類似しない外集団が厳然と存在しており、それと常に対峙をしていかなければならない。時には外集団は、社会常識かも知れないし、制度や規則であるかも知れない。閉じられたままでは存続ができないわけであり、やがては必ず開放をせまられる時に、折り合いをつけていく必要が生じることになる。このように、そもそも、類似感だけがあって閉じられたままの集団であり続けることは考えにくい。本論で繰り返し述べてきた通りに、現実に適応するには、こうして内生されあるいはまた外から与えられる諸々の課題に対処するため、その集団内の他者との間で異質性が必ず要求されることになるのである。

私は、先に話を単純化するために、類似性と異質性との間のバランスを取ることがむずかしい理由の一つとして、似ていることは違っていないことを意味するからだと述べた。しかしこれは正確ではない。厳密には、似ていてよいところと違っているべきところがあるとすることの方が実態に合う。すると、私たちは、この「よい」ところや「べき」ところが何であるかを問題としなければならなくなる。もちろん、よい・悪い、すべきである・でない、あるいは適応・不適応などという言葉はことごとく評価的ニュアンスを帯びている。すなわち、いかなる観点からの判断かという視点を明示しないでおけば多義的で議論にならない。しかしながら、ある若者のパフォーマンスが、少なくとも本人自身の生きにくさを少しでも和らげるためのものであったり、時には香山の言うように「命がけ」である場合、あるいは、それに伴い若者を取り巻く周囲の人々に苦悩を与えてしまうような場合、それらの苦悩を捨てておけないことに誰も異論はないであろう。

したがって、若者がどこに類似感を抱いているのか、なぜそこに目を向けざるを得ないでいるのか、どうして他の社会的カテゴリでは彼・彼女にとってだめなのかなどについて、まず私たちは、その一つ一つを注意深く若者に問うていかなければならない。そしてまた、ある若者の同一視する社会的カテゴリに問題はないとされても、次に、そこでどのように彼・彼女が異質であろうとしているかを観察していくことが重要となるであろう。

私たちは、若者の顕現化した、一見風変わりなパフォーマンスを目の当たりにして、その原因を彼ら・彼女たちの固有属性のせいにだけして理解をしたような気になる可能性があることを自覚すべきである。また、今の若者の方が昔に比べてはるかに生きにくくなっているという量的差異はあるにせよ、それをもって若者の質が変わったという言い方やとらえ方に対しても、もっと慎重であった方がよいのではなかろうか。

申し上げるまでもないことではあるが、今の若者をみる今の大人も、紛れもなく同時代性を帯びているのである。若者のパフォーマンスが一見して驚くものであっても風変わりなものであっても、「見えない」大きな理由の一つは、若者を見ようとする際の目のつけどころなのであろう。若者も大人と根源が変わらないかぎり、若者の〝質〟にだけ注目してすぐに「見えない」とあきらめてしまってはうまくないと、私は思うのである。

引用文献

Berscheid, E. & Campbell, B. 1981 The changing longevity of heterosexual close relationships. In M. J., Lerner. & S. C., Lerner. (Eds.). *Justice motive in social behavior*. New York: Random House. pp. 209-234.

Byrne, D. & Nelson, D. 1965 Attraction as a linear function of proportion of positive reinforcements. *Journal of Personality and Social Psychology*, 1, 659-663.

Degler, C. N. 1980 *At odds: Woman and the family in America from the resolution to the present*. Oxford: Oxford University Press.

Dizard, J. & Gadlin, H. 1990 *The minimal family*. Amhert: University of Massachusettes Press.

福西勇夫『「傷つきたくない」気持ちの精神病理』女子栄養大学出版部、二〇〇〇年

Kuhn, M. H. & McPartland, T. S. 1954 An empirical investigation on self-attitudes. *American Sociological Review*, 19, 68-76.

永田良昭『人の社会性とは何か――社会心理学からの接近』ミネルヴァ書房、二〇〇三年

中村陽吉『対面場面の心理的過程――分類的観点からの接近』ブレーン出版、二〇〇二年

斎藤　環『ＯＫ？　ひきこもりＯＫ！』マガジンハウス、二〇〇三年

下斗米淳「集団成員の道具性と情緒性の発現が孤独感及び充実感に及ぼす効果」（未発表）、二〇〇一年

下斗米淳「現代青年の家族・友だち・学校・メディア・世間への向き合い方と結びつき方」『日本発達心理学会北陸地区シンポジウム講演記録集』1－9、二〇〇二年

下斗米淳「現代青年における対人ネットワークの拡張可能性について――準拠集団としての道具的機能評価からの検討」『専修人文論集』七三号、二〇〇四年

千石　保『「普通の子」が壊れてゆく』日本放送出版協会、二〇〇〇年

Winch, R. F.　1959　*Mate-selection: A study of complementary needs.*　Harper & Row.

自我の変容

――そのプロセスとメカニズム

貫　成人

一九九〇年代後半以降、東京では二十代、三十代のひとびとによるダンスグループがいっせいにうまれた。なかでも注目を集めているニブロールというグループがある。

かれらの作品にいわゆるダンスのテクニックは出てこない。舞台に登場するのは、いかにもフツーの「ワカモノ」風の男女だ。かれらは歩き回ったり、走ったりしているうちにおたがいぶつかったり、突然「キレて」相手に殴りかかったりする。

こういうと、その舞台がすさんだ、目をそむけたくなるようなもののように聞こえるかも知れない。だが実際には、密度と速度のある映像やテクノ系打ち込み音楽、独特のコスチュームによって、宮崎駿映画のような疾走感、飛翔感を生むことにかれらは成功しており、観客はその舞台にリアルな身体感覚を感じ取ることができる。

ダンサーはなぜ暴力的なのかという質問に対して、振付の矢内原美邦はつねに父親に殴られた記憶をあげる。「父は子どもをリズムで殴る人でした」と言うのである。

おなじく若手の代表的振付家に黒田育世がいる。「なぜダンスをするのか」という問いに彼女は、自分というもののリアリティが希薄であることをあげた。「自分の境が希薄に思えたのです。三歳頃、それを確かめようとして頭を壁にガンガンぶつけたりしました。……妙に息んでみたり、とか」と彼女は語る。

ベテランダンサーである木佐貫邦子（昭和三十三年生）の感性はかれらと対照的だ。彼女は黒田にむかって次のように言う。「自分が希薄だなんて思っちゃいけないのです。頭を壁にガンガンぶつけている子どもがいたら、やめさせなければいけません」と。

ダンスといえば、いわゆるパフォーマンスの典型だ。黒田や矢内原、木佐貫といったひとびとのエピソードには、身体的暴力、リアリティの所在、自我形成、トラウマ、世代間ギャップといった問題系が凝縮されていると言えるかも知れない。

I　世代間ギャップという現実

自分たちの世代とくらべて「若者は変わった」と、香山リカは言う。彼女の分析は次のようなものである。

治療におとずれる「若者」がとつぜん乱暴な行為に走る「アクティング・

アウト」が増加の一途をたどっているが、その背景には若者の「現実感の変化」、すなわち、現実感（「ひりひりする」）・統合感（「自分は自分」）・存在感（他人による認知）が希薄になったという事情がある。

現実感・統合感・存在感という、自分を維持するための三要件を獲得しようとする場合、存在感をえようとすれば現実感を消失し、あるいは統合感を失う結果に到る。

自分の存在は「特別」なはずなのにそれが認められていないと感じる若者の場合、「外へ」むかって存在感を確認しようとするか（西鉄バスジャック事件）、あるいは内向して現実感をえようとする（「リスカ」「自傷行為」）。一方、現状の自分は嫌なので、それを「消して」、新しい自分を獲得しようとするひとびともいる。他人に認知してもらうことによって自分の存在感を確認しようとするかれらは、「心的〝核〟」を確保しようとするか（「ピュア」志向）、身体を変化させようとする（「ピアス」、「整形」）。ただしこの場合でも「自分」という統合感はない。

他傷・自傷行為、ピュア志向、ピアス・整形など、一九九〇年代後半以降の「若者特有」の現象は「自分を消してリセットしたい」という「パフォーマンス」だ、と香山は言うのである。

こうした「若者」像は、矢内原や黒田の発言にも符合するかに見える。「ひりひりした現実感」、自我の統合に欠けた「若者」がアクティング・アウトやリスカに走る、その現状が舞台上に反映した結果が彼らの作品であることになるだろう。黒田は「どこまでも体をこき使うことで、自分自身の存在を確かめたい」(『朝日新聞』平成十六年二月二十七日)と言うのである。

「団塊」世代、「新人類」世代、団塊ジュニア、さらにY世代といったマーケティング用の分類がある。それぞれの世代ごとにふるまい方やメンタリティー、自我のあり方がかなり異なることは日常、経験することだ。「世代間ギャップ」は、たしかに、否定しようのない現実である。

世代や時代ごとに自我のあり方が変容するという事態をどう理解すればいいのか、また、それにどう向き合いうるのか。この問題について、ここでは現場から一歩引いた視点から考えてみたい。いまあげた問題については、歴史社会学や哲学といった分野にも考察の積み重ねがあるからだ。

II　歴史の中の自我変容

時代や世代による自我の変容を把握するために、ここではひとつ極端なケースを見てみよう。

〝孤立した個人〟という伝統

欧米人は、アラブ人や東アジア人などにくらべて「自我が確立されている」と、よく言われる。自分のことは自分で決断し、なにを好むかについて他人に影響されない。プライバシーを尊重し、自分のことなどをべらべら他人に喋らない、など、一言でいえば、自分と他人、自分の内側と外側とのあいだに「壁」ができているというわけである。

ドイツの歴史社会学者ノベルト・エリアス（一八九七―一九九〇）によれば、「完全に自由で、完全に独立した存在としての、すなわち内面的に完全に自立し、一切の他人から隔絶した〝孤立した個人〟としての個人像はヨーロッパ社会の発展のなかで長い伝統をもっている」（エリアス『文明化の過程』法政大学出版局、一九七七年、上、三四頁）。

明治以来、「近代的自我」といった言い方で問題になっていたのもこのような自我のあり方である。近代的自我とは、自分の欲望や願望、信念などを十分に知悉し、社会的規範をわきまえ、自分の行為が他者に及ぼす利害などを計算した上で、みずからの判断で行為を選択し、その結果の責任をとることができる存在とされている。そのような自我なら、たしかに現実感や存在感の欠如、あるいは統合の不調に悩むこともないだろう。

現実の「ヨーロッパ人」が本当にこのようなあり方をしているかどうかについては、議論の余地がある。だが、ここでは、現在のヨーロッパ人が本当に「完全に自由で、完全に独立した存在としての」個人であり、いわゆる「近代的自我」の持ち主であったと仮定しよう。かりにそうとしても、はたしてかれらは有史以来そのようなあり方をしていたのだろうか。

十六世紀のヨーロッパ人

エラスムスは、『痴愚神礼賛』などで知られるオランダの人文主義者だ。そのかれが書いた『少年礼儀作法論』は、この文脈で興味深い（エリアス、上、一四〇頁）。この書物は一五三〇年に出版されたものだが、そこに挙げられているのは、次のような「作法」である。

「小便もしくは大便をしている人に挨拶することは不作法なことである」。

「ソースの中へ指を突っ込むのは農夫のすることである」。

「つばをはくときは、誰かにかかって汚さないように向こうをむいてはきなさい」。

「すでに噛みとったパンをもう一度ソースに浸すのは不作法である」。

礼儀作法とは、ひとびとが自然におこなってしまうことを制限し、もしくは自然にはおこなわないことを奨励する決まり事である。「礼儀作法」と称して右のようなことが書かれているということは、当時のヨーロッパ人たちがこの「作法」に禁じられたことを、実際にはおこなっていたことを意味している。かれらは、大勢で食事をしているテーブルにでた大皿のソースに指をつっこみ、一度口に入れたパンを共用のソース皿にひたし、どこそこかまわず唾を吐き、人前で排泄行為をしていた。

この頃のヨーロッパ人の行動がじっさいにどのようなものであったかは、エラスムスの別の著作『宿屋』（一五二三）からもうかがうことができる。

> （身分の高い貴族や金持ちも身分の低い者もごちゃまぜの八—九十人の客たちは）、「だれもがやりたいことをしている。自分の服を洗濯し、そのびしょぬれの洗濯物をストーブのそばにかける者がいる。手を洗う者もいるが、……洗面器がきたないのできれいに洗うためには二回洗う必要がある。にんにくその他の悪臭が立ちこめている。ところかまわず唾を吐き散らす。食卓の上でだれかが長靴の手入れをしているところへ

食べ物が運ばれてくる。だれもが自分のパンを共同の鉢の中に浸し、それを噛みちぎり、また鉢の中に浸す。皿はきたなく、ぶどう酒はまずい……」（エリアス、上、一七四頁）。

エラスムスが描いたひとびとのふるまい方は、「個が確立していない」と言われる現在のわれわれの目から見ても異様であり、嫌悪の気持ちを禁じえない。だが、それはなぜなのだろう。

「嫌悪感」という壁

エラスムスの描くひとびとに感じる嫌悪感の仕組みを見極めるために、ここではひとつシンプルな例を考えてみよう。

イギリスの精神医学者であるR・D・レインは、液体を飲み込むやり方には四通りあると言う（レイン『家族の政治学』みすず書房）。

①口の中の唾を飲む。
②コップ一杯の水を手に取り、それをすすり、飲む。
③コップのなかに唾を吐き、唾と水を一緒に飲み込む。
④いちど口に含んだ水をコップにもどし、そして、吐き出した唾や水ごと、

コップの中身を飲み込む。

われわれは①や②にはなにも感じないのに、③と④にたいしては即座に「きたない!」という嫌悪感、不潔感をおぼえる。①②と③④の違いは、自分の口にあったものをいちど吐き出すというステップの有無にある。通常、自分の内部に入れたものをふたたび外部に出すことはないし、いちど出したものは即座に「不潔」なものとして感じられる。③や④では、外に出した唾が嫌悪の対象となるため、それを自分の口に入れると言われた瞬間、はげしい拒否反応をおぼえるのだ。

ここで、嫌悪の対象が、自分の内部と外部の境界づけと連動していることに注意したい。自分のなかから出たものに嫌悪感を抱くメカニズムは自己形成にとってきわめて重要な役割を果たしており、そのもとにあるのがいわゆるトイレットトレーニングだ。

まだおむつをしている幼児にとって、自分の排泄物はとりたてて嫌悪の対象ではない。トイレットトレーニングにおいてこどもは、まず自分の排泄物が不潔であると教え込まれる。不潔なものは、身の回りに放置してはならないので、特定の場所に閉じこめなければならない。それがトイレである。他の場所で排泄行為をおこなわないようにするには、行為をおこなう時間もコントロールしなければならない（睡眠中では、適切な場所で行為をおこなうことはできない）。こうして幼児にとって排泄は、それまでのように、身体の生理としての出来事であることをやめ、自分で管理すべき能動的行為となる。同時に、幼児は自己管理の快感、達成感を身につけるのだ。

内部から外部に移動したものに嫌悪感をおぼえることによって、自分の内と外が峻別され、さらに自己管理がおこなわれる。それは、自他を区別する最小限の壁と言える。その壁をもっていない、もしくはあまりにもルーズなのが、エラスムスの描くひとびとであり、その有様に、われわれは拒否反応をおぼえるのである。

とはいえ、そのような壁さえもたないひとびとがいるという事態は、自我の統合がかならずしもア・プリオリな構造、普遍的必然性ではないことを意味している。実際、自我とは、さまざまなメカニズムによって「統合」されるものなのだ。

Ⅲ　自我統合のメカニズム

自我の統合メカニズムは、フロイトやラカンといった精神分析、社会的秩序や権力の分析（ミシェル・フーコー、エリアス）などからいくつかのモデルが提案されている。ここでは精神分析の言う鏡像段階論とエディプス・コンプレックス、ならびに歴史社会学の分析を見てみよう。

「ひとまとまりの」自分——鏡像段階

自分という意識が生じ、自我の統合の第一歩が記されるのは乳児期においてのことである。フランスの精神分析医ジャック・ラカン（一九〇一—一九八一）が提唱した「鏡像段階論」によれば、乳児が最初に自分についての意識を身につけるのは、鏡に映った自分の姿を見ることによる（メルロ＝ポンティ『幼児の対人関係』白水社、二〇〇一年）。

はじめ乳児は、空腹や尿意、寝床の堅さなど散漫な身体感覚、内臓感覚は感じるけれども、それぞれは相互に関連のない断片にすぎない。第三者から見れば「ひとりの赤ん坊」というまとまりがあるように見えるけれども、本人はばらばらの身体感覚に反応し、痛みが去ったり、空腹が満たされれば満足する、といったことを繰り返しているだけである。そこには、さまざまな身体感覚、内臓感覚をひとまとまりのもの、おなじ自分の感覚として統合する自我はない。

その乳児が自我として統合されるのは、鏡に映った自分の像を見ることによってのことである。とはいえ、鏡に映っている像を自分と認知するのも、そう簡単なことではない。そのためには、まず目に見えているものが実物ではないことに気づき、さらにそれは虚像であることを悟り、さらに、それが他ならぬ自分の像であることが理解できなければならない。

とるにたらないことをなぜ小難しく考えるのかと思うかも知れない。だが、乳児や動物にとって、それはけっして自明のことではない。たとえば、番いの片割れをなくしたカモは、鏡に映った自分の像をパートナーと勘違いして添い寝し、犬は自分の鏡像を、縄張りを侵す敵と勘違いして威嚇する。カモや犬は、鏡像と実物の区別ができないのだ。また、チンパンジーは、鏡の後ろに仲間がいると思って裏に回るが、なにもいないことに気づくと、そのまま興味を失ってしまう。チンパンジーは、実物ではないことは理解しても、虚像であることがわからないのである。乳児も、はじめは、鏡像を実物と勘違いする。本当は自分の背後にいる父親が、目の前の鏡に映っているとき、乳児は鏡像に笑いかける。その子の名前を父親が呼ぶと、声がうしろから聞こえてくるため、乳児は仰天するのである。とはいえ、やがて幼児は鏡像が虚像であることに気づき、さらに、親に抱かれた自分の姿を鏡に見て、鏡のなかの親に抱かれているのが自分と気づく。

鏡に映った姿が、他ならぬ自分であることに気づいたとき、乳児は、「ここ」にいる自分を他人から見ると、「あそこ」にある鏡像のように見えることを知る。ところで、鏡像は身体感覚のように散漫ではなく、一目で見て取れるまとまりをもっている。「ここ」にいる自分が、「あそこ」に見える鏡像のようなまとまりをもつことに気づくことによって、乳児は、ひとまとまりの自我という意識をえることになる。

乳児の気持ちはあまりよくわからないかもしれないが、よく似た思いは大人になってからも体験できる。夏目漱石はロンドン滞在中、道を歩いていて、向こうからチンチクリンでみっともない奴が来ると思っていたら、それはショウウィンドウに映った自分の姿だった、というエピソードを記している。漱石はもちろん自我の統合を持っていただろう。だが、ロンドンに暮らして、周囲のイギリス人に目が慣れたあと、そのなかで自分が他人にどう見えているのかを知り、自己イメージを更新したのである（「自分はこう見えているのか！」）。

そのあと漱石は、日本人としてのあり方と、西洋的規範とのギャップに苦しむことになる。おなじような葛藤は乳児にも生じる。「ここ」にある欲望や感覚は自分の中に感じるものであり、それを統合する鏡像は「あそこ」に見える視覚像だ。身体・内臓感覚と視覚像との間にはなんの共通点もない。そのため、おなじく自我であるはずの内面と外面との間には主導権争いが起こり、統合する側である視覚像によって乳児の内面はつねに疎外される。統合された自我には、それが成立した当初から、不安定要因が組み込まれているのである。

幼児の自我——エディプス・コンプレックスとナルシシズム

幼児は、母親と自分とをはっきり区別できない。幼児は、母親が欲望するものを自分でも欲望し、また、自分こそが母親の欲望の対象になろうとする。そのように欲望を共有しようとする点において、幼児は、他者である母親と自分との区別がつかない「自他未分」状態にある。

ところが、母親の欲望は、つねに自分にむかうわけではなく、しばしば自分以外の者、すなわち父親に向かっている。母親を独占することは不可能であり、それを妨げる強力な存在がある。そのことに気づいたとき、子どもの自我のあり方は変化する。すなわち、子どもは、第三者である父親を排除して母親と排他的な関係を結ぼうとする欲望を抑え、心ならずも、両親にとっての「いい子」としての役割を受け入れる。

子どもが、やすやすと父親の力を受け入れて母親をあきらめ、「いい子」の役割を演じるようになるのは、父親の象徴としての「ファロス（男根）」が、自分には欠如しているからである。ここでファロスとは、実体としての男根そのものではなく、父親が象徴する社会や地位、法、言語など、幼児のあり方に介入する自分を超えたもの一般の象徴、自分にはなく自分を超えたものを指す。

幼児にとってはファロスの欠如が永遠のトラウマであり、それを埋め合わせるべく常により上位の自我のあり方へとむかおうとする。こうして生じるのが「ほんとうの自分（理想自我）」を実現しようとするナルシシズムだ。

こうしたあり方を「ナルシシズム」と言うには抵抗があるかもしれない。通常、「ナルシスティックな人」、というのは、そのままの自分を愛し、他人にも愛してもらいたがる人と考えられる。けれども、そのような人であっても、愛してもらいたい自分は、そうありたい自分であり、作られた自分なのである。

ナルシシズムの語原であるギリシャ神話の美少年ナルキッソスは、水面という鏡に映った自分を愛し、やがて溺死してしまう。鏡像段階における視覚像と身体・内臓感覚との乖離が、〈見る自分〉と〈見られる自分〉の乖離としてふたたび登場するのである。

「閉じられた自我」の生成——「宮廷的合理性」

自我の形成には社会的文脈も大きな役割を果たす。近代国家の形成過程では、義務教育や軍隊、工場などでの訓練、衛生教育などといった回路で、規格化された自我が組織的に生産された（参照、ミシェル・フーコー『監獄の誕生』『性の歴史I』、新潮社）。ここでは、エリアスがあきらかにした自我の成立過程を取り上げよう。

さきにふれたエラスムスの礼儀作法書は百三十以上版を重ね、十八世紀に入ってからも十三版を数えた。それどころか、じつは、それ以外にも同種の書が中世から出版され、もしくは口頭で伝承されていた。エラスムスが嘆いていた状態は、たびかさなる教化や説教によっては「改善」しなかったのである。

では、ヨーロッパ人のあり方が変わったのは、どのようにしてのことだったのだろう。

変化はまず貴族におこった。十六世紀にフランスで絶対王政が成立すると、それまでの封建領主、地方貴族はパリなどの宮廷に集められた。宮廷という閉鎖的空間においては、いかにして他人の陰謀から自分の身を守るか、いかにして国王に取り入り、地位を向上させていくかが死活問題となる。宮廷で生き抜くためには、自分の心や感情の動き、さまざまな計算や策略を他人に容易に察知されないようにすることが最低限の要件だった。まして、感情や欲望に身を任せたりすれば、たちまち他人に陥れられてしまう。

こうして、自分の欲望や感情、考えなどを表さない自己抑制が、生き残りの戦術となる。自分と他人を峻別する「壁」が成立したのである。自己抑制ができる「閉じられた自我」が生まれたのは、宮廷という場の圧力による。ひとびとのふるまい方や自我のあり方を規定する、宮廷内の力学のことを、エリアスは「宮廷的合理性」とよんだ。

ヨーロッパでは一般に、文化は上流階級から中流階級を経て下層階級へと浸透する。たとえば、十九世紀に経済力、政治力をつけた中流階級に、貴族の身につける装飾品や衣類、貴族の楽しみである音楽などを手近におこうとする欲望をひきおこさせることによって成立したのがデパートだ。当時のデパートでは、コンサートが開かれたり、別荘生活が喧伝されたりしたのである（鹿島茂『デパートを発明した夫婦』講談社現代新書）。またなにより性に関するモラルは、二十世紀に入ってそれまでの中産階級から労働者階級へと下方浸透した（フーコー『性の歴史I』）。十八世紀に頂点に達した宮廷的合理性は、十九世紀におけるナポレオン三世時代、政治に参加するようになった中流階級へと浸透し、かれらは旧貴族階級のふるまい方を身につける。それは、下層階級の役割が増加するなかで、中流階級が下層階級と差異化する役にも立った。こうして、「閉じられた自我」が社会全体に浸透したのである（エリアス、下、三六八頁以下）。

Ⅳ　自我という構造

以上、自我の統合メカニズムのいくつかについて見てきたが、そこからいくつかの帰結を取り出すことができる。

「自我」形成の回路

はじめ「自分」という意識を持っていなかった乳児は、鏡に映った自分の像を見て「ひとまとまりの自分」を認知するにいたる。それによって、ひとつの自分がその幼児にとって成立するわけだが、統合する視覚像（「見られる自分」）と統合される身体・筋肉・内臓感覚（「見る自分」）との間には乖離があり、不安定状態をはらんでいた。

幼児はさらに、トイレットトレーニングによって自己制御やその達成感をおぼえ、自己の内／外の区別を身につけるが、その際には「嫌悪感」というネガティブな感情が大きな役割を果たしていた。

家族内において子どもは、母親への欲望が「自分を超えた力」によって妨害されることによって、一定の役割を演じる「自我」となり、そのように自分を規定する「自分を超えた力」に取って代わろうとするナルシシズムにいたる。

さらに、その都度、自分がおかれている社会的秩序のなかで、ひとびとは自分の内面や考えを容易に他人に洩らさない「壁」を作り、そのようなあり方が「品位あるもの」と認められれば、必要なくてもそれを身につけることによって他との差別化を図る。

自我の統合とは、こうしたさまざまな回路から、時間をかけておこなわれる「重層決定的」なものである。しかも、それぞれの回路は自らのうちに不安定要因をはらみ、あるいは時代や地域の事情に相対的だ。

それゆえ、「ひとつの」自我を形成する回路同士のあいだに齟齬が生じて「自分の境界」が不分明になってしまう事態は容易に生じうる。たとえば、トイレットトレーニングによってえられる自我の輪郭は「皮膚の内側」である。だが、一定年齢以上のひとが、他人によって「見られる自分」として想定しているのは、髪をとかし、必要に応じて化粧をし、しかるべき服装をした自分だ。あるいは、視覚障害者にとっての杖は、いわば指や腕の延長だが、このときも「自分」の輪郭は皮膚を通り越して拡大している。逆に、両親との関係において、自分の欲望があまりにも抑圧されれば、自分の輪郭は皮膚より内側に後退する。

さまざまな回路ごとに自分の輪郭は相異なる仕方でさだめられ、それぞれがあまりにも食い違う場合には、黒田のように「自分の境界が希薄に思える」ことも起こりうるのである。

自我についてのふたつのとらえ方

自我といわれるものは、これまで述べてきたように、外部にあるさまざまな仕掛け、他人との関係などによって作り上げられるものだ。一度できあがった自我も、社会状況などが変われば違うあり方を身につける。自我は、さまざまな力学によって形成され、変形されうる開かれた構造であり、しかも内部に不安定要因を抱えた「傷つきやすい」構造である。

エリアスに引き寄せて言えば、そのような開かれた構造であるものが、十六世紀には、清潔感という壁をもたない個人を生み、一方、宮廷的合理性が普及したあとでは、自分と外部、他人との壁をはっきり築いた「閉ざされた個人」として結晶したことになる。個人、自我、主体といったものが、こうした内的・外的なメカニズムから成立すると考える者としては、エリアスのほかに、ニーチェやメルロ＝ポンティ、ミシェル・フーコー、ジル・ドゥルーズ、ピエール・ブルデュー、ジュディス・バトラーなどを挙げることができる。

ところが、そうとすると、自我といえば近代的自我であるとするとらえ方はどうなるのだろう。さきにエリアスの指摘として紹介したとおり、ヨーロッパの知的伝統では「閉ざされた個人」という個人像が支配的だった。その系譜には、デカルト、カント、マックス・ウェーバー、タルコット・パーソンズといったひとびとが連なる（エリアス、上、四〇頁）。

こうしたひとびとに対して、エリアスは次のように指摘する。

（デカルト、カントなど）いずれの場合にも、理論家の気づかぬうちにとつぜんかれの理想像は事実……に変貌する。この種の理論的考察においては、個々の人間の像にかんしても、かくあってほしいと念願する姿が、すなわち、自主的に決定をくだす絶対的に独立した個人像が、まるで個々の人間のじっさいの姿であるかのように扱われている（エリアス、上、三三頁）。

自我や個人は外的諸要因によって形成されるというのが、分析の結果明らかになった事実である。一方、たとえばだれかの行為が周囲に不都合な結果を招いたとき、その「責任」を追及しうることは共同体の成立と維持にとって必要不可欠なことだ。そのためには、各自が、そのつどの状況や条件次第で変化してしまうような柔らかい構造ではなく、行為の選択と実行、さらにその責任をとる時点に到るまで一貫している堅固な存在であることが望ましく、各人はそのような自我であるべきであるとされる。ところが、それは実際の自我の柔構造に負荷された構築物にすぎず、事実とは異なる次元に成立する規範・道徳・理想でしかない。デカルトやカントといったひとびとは、規範と事実をすり替える誤りを犯したのである。

V　日本の場合

エリアスが扱っていたのは、十六世紀から十八世紀にかけてのヨーロッパにおける場の変化とそれにともなう自我の変容だった。だが、同様の変化は、現在「日本」とよばれている地域にも生じていた。

日本における十六世紀

在野の歴史家である渡辺京二は、日本人のあり方は十七世紀（江戸期成立前後）に著しく変化したと言う。

十六世紀以前、室町から江戸初期における日本人は、農民であってすらも自分で自分を守らなければならず、村同士、村民同士の争いは日常だった。各人がいわば主権を持っていたが、その分ひとびとは、猛々しく、自己顕示欲の強い、相互不信にみちたあり方をしていたのである。

ところが、江戸期になると、各村がもっていた武装や戦争の権利が剝奪され、中央集権体制ができる。村同士、村人同士の資源分配（利水権など）は、争いによってではなく、話し合いによって解決されるようになる。それにともなって各人のあり方も自己抑制と節度を基本としたものに変化した、というのである（渡辺京二『近代をどう超えるか』弦書房、一〇―一五頁）。

ヨーロッパにおける封建制が絶対王政に変化することによって、宮廷的合理性が生まれ、個人も自他未分の状態から「閉ざされた個人」に変化したように、各農業共同体ごとに分け与えられていた交戦権が中央に吸収されたことによって、いわば「村落共同体的・町民的合理性」とでも言うべき力学が生まれ、敵意丸出しの状態から、感情を抑制するあり方へと変化したことになる。

二十世紀後半以降

明治になって「近代国民国家」が建設されたとき、日本でもフーコーが示したような自我の組織的形成がはかられたが、そうはいっても生活レベルにおける「日本人」的あり方は維持された。それが急激に変貌したのが昭和三十年代以降だったと、渡辺は言う（渡辺、一六頁）。しかも、高度成長、バブルとその崩壊などを経て、変化は時をおうごとに加速している。

たとえば、哲学や教養、読書などについてのはなしが、ある年代を境に通じなくなってしまったと、しばしば指摘される。哲学者である西研によれば、その分かれ目は、一九七〇年代の高度成長を経験したかどうかにある（西研『大人のための哲学授業』大和書房、一九―二四頁）。高度成長期までは、ある種の教養・知識・読書を身につけることが立身出世の条件だった。地方に生まれたものにとっては地元＝封建的生活から脱却して都会の近代化された生活に移る回路とみなされ、あるいは日本＝封建的生活から脱却して欧米化するための回路とみなされる。ここでは近代、ならびにそれをもたらした欧米が普遍的かつ絶対的な価値の尺度になっていた。ラカンは、日本人にエディプス・コンプレックスはない、と言ったが、地方から「都会」、日本から欧米に出て「ほんとうの自分」を実現しようとしたひとびとの自我構造は、ファロスの欠如を埋め合わせようとするナルシシズムと変わることはない。

ところが、国民一人あたりGNPが瞬間的にアメリカ合衆国を抜き、バブル景気に沸いた一九九〇年代以降、人々を取り巻く力学に変化が生じる。

冷戦構造終結とバブル崩壊が同時におこった日本では、まず「上昇」神話が空回りする。冷戦下における好景気は、いつ最終戦争がおこるかわからないという潜在的恐怖と抱き合わせになっていたが、九〇年代の景気低迷下においても、頭上を覆う雲の向こうには太陽があるといった気分はひとびとを支配した。その太陽は、恵みの光でも、すべてを焼き尽くすハルマゲドンでもありえたが、その延長線上で、さまざまな事件が起こったのだった（参照、大澤真幸『虚構の時代の果てに』ちくま新書）。

二〇〇〇年代になると、別の動きが始まる。再起不能と思われていた産業や地域の再生に共通して見られるのは、すべての企業や人間、地域に普遍的にあてはまる目標は存在しないのだから、それぞれは自分の価値や能力を見極め、磨くことによって、生き残りを計るというやり方だ（チャールズ・ランドリー『創造的都市』）。このような力学の変化によって、各自のあり方も当然変化する。あるはずのない「自分さがし」はやめて、「同質なものへの違和感から自分を再獲得していこうとする」「したたかさ」をここ九年のあいだにひとびとは学んだ、という切通理作の指摘はこの文脈で興味深い（『朝日新聞』平成十六年三月四日、一四頁）。

画一化された幸福という目標を失い、普遍的な教養が空洞化し、個性や自由の主体としての自我がたんなる神話でしかないことが判明しつつも、それに拠るしかなかったのが九〇年代はじめだったとすれば、そのなかでも差異を見いだして自力で生きて行かざるをえないというしたたかさが浸透したのが世紀の変わり目の五年間だった。その間に、ひとびとは〈ファロス〉の欠如という欠如感を失ったのかもしれない。

おわりに——若者のパフォーマンス

以上の考察が「若者論」にとってなんらかの意味をもちうるのかどうか、ここでは追及しない。

ただ、黒田などの若手振付家については、以上の考察をふまえて、「若者特有の統合感欠如の反映」とは別の把握が可能になるだろう。

なるほど、かれらが幼少期に、あるべきとされた自分と、実際のあり方との間に〈ずれ〉を感じていたのは事実である。だが、かれらはそのずれを単純に舞台に反映させているわけではない。

そもそも、かれらの活動や作品は、かれらの自我のあり方における〈ずれ〉なしにはありえない。六十年代の「暗黒舞踏」の創始者である土方巽が、西欧にたいする強烈なコンプレックスを糧としたように、自分が抱えた〈ずれ〉をポジティブに利用し、創作活動のエネルギーとするアーティストは数多い。

しかも、かれらは自分たちが感じている不適合感をそのまま舞台にぶつけているわけではない。ニブロールにおける、ぶつかったり、蹴り飛ばしたりするような「キレる身体」は、速度と密度のある映像と音楽に拮抗する、勢いのある動きを作り、全体として感性的刺激の過剰な舞台をつくるためのものである。すべてに過剰な感性的次元は、混乱と暴力のすべてを回収して新たな次元を作り、それに観客は鳥肌が立つような快感をおぼえる。そのようなかれらの舞台に、一見暴力的な所作があらわれるのは事実だが、それを振付家の幼児体験に結びつけて解釈したからといってなにも理解したことにはならない。そのような語り口は、実際にはさまざまな歴史的、社会的回路や力学、自我を構成するさまざまな構造などからなる、自我・世代・パフォーマンスといった諸現象を、たったひとつのパースペクティブに回収しようとする誤りを犯しているのである。

いるのにいない――「萌え」と自己領域化のディレンマ

―「若者とパフォーマンス」を読んで―

芹沢俊介

1

この論考の冒頭で香山リカは、若者は変わったのかと自問し、変わったと自答している。どう変わったのか。香山によれば変化の要点は、彼らがどうしようもないほどの「生きづらさ」を抱えるようになったことであり、その結果、彼らの自我のあり方にも、目に見えるかたちで表出される言動――パフォーマンス――にも変化が現われたことである。

自我のあり方における変化を香山はおよそ次のように述べる。若者たちは複雑化・多様化する社会の中で、インターネットなどのバーチャルな空間やメディア空間の肥大という事態にさらされ、「自分が自分であること」に生き生きとした実感を得られなくなっている。いま生きているはずの現実に手応えが感じられないのだ。ほんらい「ひとつのまとまりを持つもの」としてあるはずの「自己」のその統合性が深みを失って表面化し、断片化しているからに違いない。このような「自己」の手応えのなさ、不全感、現実感覚の欠落状態を埋めようとして常に誰かとの濃密な二者関係を求めたり、人々の視線の中に必死になって自分を置こうとしたりしている。あるいはネットという漠然とはしているが必ず誰かが自分を識別してくれると信じられる世界にのめりこもうとする。すなわち若者たちは何らかの関係性の中でしか自分を見出すことができないでいるように思える。

強度な「生きづらさ」の理由を香山はこのような離人症状態（解離性障害）に求めている。同時に離人症といった精神医学概念で把握できるからという理由でもって、そうした離人症状態を簡単に障害であり、病理であるということはできないとも述べる。むしろ病理と呼ぶことはいまや間違いで、それは現代の日本人にとっての自己やリアリティに関する認識の新しいスタンダードになりつつあるのではないか、という仮説を提示しようとする。

香山のこの仮説を全面的に支持したいという思いに駆られる。理由は大きく二つあって、一つは基本的に若者のパフォーマンスに対する肯定的なまなざしがなくて、若者論は成立しないと考えているのだが、自分なりに立てたこのひそかな最低綱領を香山の論はクリアーしていることである（もっともケータイを自在に駆使する香山リカに私は若者そのものを見るときがあるのだが）。もう一つは離人症とか解離という精神医学概念に相当する事態を、精神医学の専門家でない私は「いるのにいない」という言葉でとらえようとしてきたことによる。もっとも「いるのにいない」という視点にJ・ボウルビィやD・W・ウィニコットの影響を否定するつもりはないのだけれど。

したがって以下の論述は香山の論考に触発されて、香山の論考が語りかけてくるものを私なりの言葉でなぞったものであることをあらかじめ断っておきたい。

2

香山が最初に取り上げたのはネット心中とか集団自殺と呼ばれている現象である。この現象を香山は乗り越えがたい「生きづらさ」を抱えてしまった若い人たちの悲劇的なパフォーマンスとして位置づけた。

では香山のいう「生きづらさ」の実質はなにか。一言で申せば喪失感である。香山は、埼玉県秩父の皆野で起きた、これまでもっとも多人数で実行された集団自殺（七人）に触れながら、この出来事に中心的な役割を演じた三十代の女性の死を知った若者の一人が自分のホームページに記した「もうマリアはいない。また大切なものがなくなった」という言葉に表われている喪失感、さらには絶望感やあきらめの感情に着目した。

問題の核心に喪失感があることを確認しておこう。

右の引用における「もうマリアはいない」という言葉に表れている喪失感は絶対的喪失体験であり、「また大切なものがなくなった」という言葉は、繰り返し味わわされてきた喪失体験を伝えようとしたものである。二つの喪失感は同じではなく、折り重なりながら、若者を打ちのめしていることが推測できる。

絶望感やあきらめは繰り返されて、喪失感、喪失体験へと結晶していく。絶望感やあきらめの感情の背景には、自分の存在や表出を本来的な受けとめ手に無視された怒りや悲しみを身内に飲み込んできた過去がある。怒りや悲しみは初期のころには表出されていたはずであるから、その怒りや悲しみの表出もまた誰によっても受けとめられず、繰り返し無視されてきたという過去を想定することができるだろう。「無視しているな」——「もういいよ」。若者たちが発したであろう、こうした声にならない声を喪失感という言葉のわきに記しておきたい。

引用の中の「大切なもの」というのは、自分にとっての生きるうえでのよすがのことだ。この人がいるということ、このものがあるということによって自分という存在が「今ここにいる」というふうに反応する。受けとめられているという感覚、受けとめられている分だけ自分が今ここにいるという感覚をいだくことができる。生まれたことの意味に触れ、だから生きることができる、そのような自分を受けとめてくれる受けとめ手としての他者のことであると思う。それゆえこの場合の喪失感は主に受けとめ手という他者の喪失ということにかかわっている。

喪失体験には二つある。一つは「いない」である。自分という存在を受けとめてくれていると感じていた存在、すなわち受けとめ手を死によって絶対的に失うこと、絶対的喪失体験である。

もう一つは、「いるのにいない」というふうに表される喪失体験である。たとえば私は「母」を子どもの特定の永続的な受けとめ手と定義することによって、母親と母とを切り離した。母親（産みの母親）は母の第一候補であるとはいえても、無条件で母ではない、こう考えることによって、母親による虐待を、子どもにとって母親はいても母はいないという状況であると把握した。被虐待児はすべて受けとめ手すなわち母を喪失しているのだ。こうした喪失体験を「いるのにいない」と表すことができるだろう。母は誰にでもなれる。子どもに自分を差出し、子どもを受けとめようとする姿勢をとろうとするかぎりにおいて、子どもがその人を母＝受けとめ手と認める条件が整うのだから。だが誰にでもなれるのに、その誰かがいない。

幼いころから自分の受けとめ手すなわち母に関して「いるのにいない」という喪失体験に繰り返し見舞われてきた人は、自分の存在を同じように「いるのにいない」というふうにしか感じることができない。すなわち自己喪失という体験が待ち受けている。自己喪失は不確かな存在感覚、自己の剥離感覚、欠落感覚、どう言い換えてもいい、そんな自己不全感に悩まされることになる。先の「もうマリアはいない」という言葉は、絶対的喪失体験に見舞われたことによって、ふたたび自分の存在を見失ってしまったというふうに理解することができるだろう。受けとめ手の喪失と自己喪失とは、喪失体験として表裏一対であると考えていいように思う。

このような自己喪失の感覚と、離人症的とか解離的という精神医学的用語でもってとらえられる世界とはごく近くにある、そう考えていいはずだ。香山の論述の紹介を含め、以下の話は上記のような意味で自己を喪失した若者たちをめぐってのものである。

香山の論述に戻ろう。自分であることにリアリティが感じられない、同じことだが今いる世界にリアリティを感じられない、そのような離人症的な感覚を抱く若者たちが増えている、現実感が変容したのだ、そう香山は述べる。自己の存在感覚の喪失、同じことを視点を変えていうだけだが、現実感覚の喪失という事態に見舞われているということになるであろう。このような喪失というかたちで現われた現実感の変容に直面して若者たちがとった反応の仕方を香山は三つに分けて取り上げている。

一つはスーパーフラット感覚――デジタル身体の感覚という言葉を使ってみたい気がしている――としてこの離人症的な感覚を積極的に受け入れること。香山は芸術家村上隆の作品に関して、二次元的なアニメやコミックの世界を髣髴させる作品を通して村上は、現実とドラマ、現実とウソとの間に「段差」なんてないということを言い続けてきたような気がする、と述べる。「いるのにいない」という自己存在の喪失感覚に即していうなら、「いる」に力点を置かずに逆に「いない」に力点を置き直すのである。「いない」という存在の仕方を自覚化し、そうした空虚感を抱える自分こそが今を生きる主体であるというふうに転倒する。「いるのにいない」から「いないというい る」へ。

3

以下は以前にメモ風に記したものである。

「インターネットが一般化するにつれて、夫婦あるいは親子として同居しているのに、遠い存在、疎遠な存在になり、代わりにネットにおける通信相手が身近な存在に感じられるという逆転現象が生じている。インターネットの時代の産物ではなく、個人化の時代にインターネットというツールが関与することによって、こうした逆転現象がもたらされたものと考える。個人化の流れは家族のつながりを断ち切るほどに早く、激烈なのだということである。」（芹沢俊介「家族・子ども――この十年」『論座』二〇〇五年二月号　新版『ついていく父親』春秋社所収）

「いるのにいない」という状況と「いないのにいる」というリアリティの逆転状況が二重化されている奇妙な現実を右のメモから取り出すことができる。

このことに関して触れておきたいことがある。

ずっと以前、生身の身体の周囲に新しい身体の皮膜が生じたことを言葉にしようとして、情報的身体という言葉を使ったことがある。

私の年代（一九四二年生まれ）の者にとって、人と連絡をとろうとするときの手段はおよそ次の四つである。四つのコミュニケーション手段にはそれぞれの時代が層として折り重なっているように見えている。下から順に手紙の時代、電話の時代、ファクシミリの時代、メール（ネット）の時代。これら四つの時代には、それぞれ四つの身体性が対応している。手書き文字という身体性、声という身体性、文字の写し（コピー）という間接的身体性、デジタル文字という非身体的身体性（デジタル身体）。情報的身体は最後のデジタル身体であり、それゆえに自在である、この自在性は恣意的という意味である。情報的身体にもとづいて人は自在に自己を作り上げることができる。たとえば宗教とむすびつき宗教的身体を出現させることができるし、香山のいうピュアな自己を仮構することも可能である。

手書き文字も声もその人のまるごと（全存在）が伝わってくるように思えるという点でエロスを感じる。電話の声を直接性、つまり身体的身体性そのものということはできないけれど、その人の身体的身体性が十分に伝わってくるという点でエロチックである。ところがファクシミリにいたると私のもとに届くのはコピーである。ファクシミリの時点において、その人の身体的身体性とそのコピーとが分離する。ファクシミリの時点で身体性の喪失、エロスの喪失はこの時点ですでにはじまっていたのだ。この喪失は同時に身体性の成立する場所の移動、エロスの生じる場所の移動として理解できよう。

もう一言、雑談風に付け加えたいことがある。たとえば私のもとに届く講演依頼はいま主にファクシミリだが、電話でのフォローは少なく、依頼状の中でファクシミリでの返事を求めてくる内容が多い。このことにどうにも違和感を消せない。おそらく依頼主にとってメインのコミュニケーション手段はメールであるからに相違ない。依頼者の作法はメールにもとづく作法であり、メールを利用していない私とのあいだで、コミュニケーションをめぐる作法が違ってしまっているのだ。だから電話でのフォローもなく、返事を求めることができる。

この人たちの身体性の基軸が、すでに非身体的身体性（デジタル身体）へと移ってしまっているのである。この人たちにとって非身体的身体こそが自分の生きている主な身体なのだ。ただそのことに無自覚なだけだ。それを当たり前だと思っている。筆者はといえば身体性をめぐっていまだに「声」を超えることができないでいる。二つの身体性の落差に戸惑っている、そう自分の現状を理解しようとしている。

デジタル身体を最表層に、生身の身体を最下層に、層状に構成されている身体、このような構造が身体性をめぐる現在ということではないか。こう考えてよければ、今を生きる若い人たちの「自分」が身体的身体性、つまり自分の生身の身体性から遠く隔てられていることが見えてくるように思える。この隔たり、層状に気づけないとき、身体的身体をどこかに置き忘れてしまった感覚にとらえられたとしても不思議ではない。ここからも「いるのにいない」状況が見えてくる。自傷行為の際のナイフやカッターの刃は、表層の非身体的身体性を引き裂き、その深部にある身体的身体性に「自分」を届かせようとするときの、つまり「いる」という感覚を呼び戻したいという衝動のありかを象徴している。痛みとは、もし痛みが感じられるならば、その際の届いたという感覚であるとともに、届かせようとする意思の主体をも表している。

四つの身体性を等価にすること、このとき身体的身体と非身体的身体との「段差」は消える。言い換えれば、それぞれの身体性は層状に重ねられた深さを持った状態から、深さを失って横並びのフラットになった状態になる。むろん中心もない。「いるのにいない」という身体的身体性の不在を逆手にとって、デジタル文字に象徴される非身体的身体性における「いない」を積極的に自己の現在として肯定する（引き受ける）意識によってしか、このような等価性を生きるという方法は生まれない。香山が取り上げている村上隆のスーパーフラット感覚は、このようなものではないか。少なくともこんなふうな見方からも接近が可能なのではないだろうか。

4

香山は、美容整形を繰り返す作家の中村うさぎが、美容整形によって得られるのは「自信」ではなく「安堵」であると語っていることに注目している。中村うさぎは、美容整形を「自分の顔を獲得する」作業ではなく、「自分の顔を手放す」作業であるのだと述べる。そのとおりだと思う。喪失が安堵であるという逆転。

もちろん手放した自分の顔が、ほんとうの自分の顔ではなく、親に強いられた「いい子」の仮面であったということもありうる。あるいは目立たぬように周囲と適応するために自分を消そうとしてつけた仮面であるかもしれない。仮面ははずすことができないくらいに自分の顔に同化してしまった。そうした場合には整形は心理的にみて仮面をはずすという効果をもたらすときもありうるだろう。このとき訪れるのが自己回復の安堵感であったとしても不思議はない。

整形は一般的には、家族・親からの離脱であり、根源的受動性としてある自分の顔（身体）からの離脱を意味する。離脱の動機がどこにあるかはわからない。中村の場合、自身が言うように自己嫌悪が動機だとすれば、その自己嫌悪は反転すれば自己愛である。自己愛は自己嫌悪に反転する。終わることのないこの反転が整形を繰り返してやまない動機なのかもしれない。

これまでの文脈につなげるなら、自分の顔を手放すことは、自分を意図的に「いるのにいない」状態にもっていくことである。もし中村が整形を繰り返すことによりその結果次々と変わる顔をウリにしているとすれば、彼女の行為は空虚な自己を積極的に主体として打ち出そうとする村上隆のいうスーパーフラット感覚と重なってくる。

だが中村が手に入れたのは、そして手に入れたかったのは安堵であった。「いるのにいない」という状態を得られたときに訪れる安堵という気分であったのである。のちに触れるように、中村と同様、自分の喪失と取りかえても欲しいものが安堵であることを子どもたちを通して私は知ることになるのである。

ここで自問を一つ投げ出しておく。その衝動において形成（再形成）と破壊というように一見対照的にみえる整形と自傷行為とに共通するものはあるのだろうか。

5

香山が把握した若者たちの反応の二つ目は、生身の身体に痛みや出血や焦熱感覚を加えることによって自分の存在感覚にリアリティを取り戻そうとする行動である。タトゥーやピアッシング、スカフィリケーション（皮膚に深い傷をつけて瘢痕化させること)、ブランディング(いわゆる焼き印)の主目的は出来上がった模様で自分を飾ったり目立たせたりするファッション性にあるのではなく、その過程における自分の身体を切ったり、焼いたりする行為にあるのではないかと思えてくると香山はいうのだ。

だとすれば自傷行為つまり自殺を目的としないリストカットと、タトゥーやピアッシング、スカフィリケーションやブランディングなどが目的としているファッション性との区別は失われると香山は述べる。どちらも痛覚や出血や皮膚がただれるほどの焦熱感覚に自己をさらすことである。そのようなマゾヒスティックな行為に出るのは、自己の「生のリアリティを取り戻したいという欲望」に突き上げられてのことであるというのである。ここから香山は、傷を中核に形成されるリアリティという把握にいたる。身体は、そこに傷をつけたり、穴を穿ったり、というひどく不自然な行為をすることで、人間がリアリティを得るようすが、最後の砦となりつつあるのだと述べる。香山の論考は、この第二の反応に主に言及しており、またもっとも迫力を感じさせる記述になっている。

「いるのにいない」という存在感覚に視点を据えるならここでの振る舞いはあくまで「いる」に力点をかけて、「いない」自分をいまここに呼び戻そうとしようとしているのだということになろうか。

6

第三の反応として香山が指摘するのは、「ピュアになること」。若者たちのうちのある者は自分が「透明、ピュア、イノセント」で、「やさしさ、あたたかさ」にあふれた存在であることを望むと述べる。だがその場合、必ず「ピュア」な自分を保証してくれる他者の存在が必要になってくる。香山が例に挙げるのは、ボランティアや医療・福祉などの仕事に就いて、自己犠牲的なまでに献身的に働き、弱い者に尽くすことで周囲の評価を得ようとする若者たちの姿である。不確かな自己存在のリアリティを医療や福祉の世界で出会う「弱者」によって保証してもらう、しかも「ピュア」な自分として。

これを「いるのにいない」という存在感覚から見る場合、「いない」自己を「いる」ものとして仮構するということになろうか。医療や福祉はほんとうの自分に出会える場所として把握され直され、そこに生きる自分を仮構するのだ。このようなパフォーマンスは「ピュア」な自己を仮構することによって、欠落している存在感覚を埋める行為ということになろうか。

香山は「ピュア」な自分になろうとする反応にはもう一つの回路があると

述べる。インターネットの世界をピュアでイノセントな空間と信じる人たちの姿である。若い人たちの中には、あらゆる身体性や物質性から解放されているがゆえに、ネットの中の〝善なるもの〟を驚くほど無防備に信じようとする人たちがいるというのだ。たとえば「ネットのホームページに集まる人だけが、私の本当の気持ちをわかってくれる」といって自殺志願サイトに集う人たちを香山は例に挙げている。ピュアな人がいるという仮構は、ピュアな自分がいるという仮構と表裏一体である。

だがそのようなピュアな人がいるという仮構は、たとえば冒頭で香山が取り上げている「もうマリアはいない。また大切なものがなくなった」という言葉に表われているマリアというピュアな人、マリアという仮構の喪失にさらされるとき危機に陥る。

第二と第三の反応のあいだに置いてみたい、もう一つの若者固有のパフォーマンスがある。「萌え」である。ピュア志向という言葉に触れてすぐに想起するのが「萌え」である。

エロチシズムが他者の身体性に対する性的な態度を示すものだとすれば、私（たち）に刷り込まれている性的な態度は、その存在の全体を対象としてやまない。そうした性的対象との距離をゼロに縮めて、対としての融合を図ろうとする。

「萌え」はこのような衝動とは異なっているように見える。第一にそこには距離が介在している。対象とのあいだの距離はどんなに至近に接近しても確保されている。距離に加えて対象としてそこにあるのは断片ないし部分である。「萌え」の人たちは、たとえば猫の耳や猫の足の肉球に萌える。「萌え」の対象は、このように全体ではなく部分である。部分に執着するというより、部分、断片に存在のリアリティを感じるようなのだ。断片、部分をもとに全体を志向するといった態度はあらかじめ排除されているように思えてならない。断片、部分が全体なのではない。全体への欲望は、あらかじめ断念ないし放棄されているというべきだろう。そして対象との融合も求めない。

対象とのあいだに距離が確保されているということ、対象は断片ないし部分であるということ、融合を求めないということ。これらを根へと辿ってゆくと、全体性をあらかじめ喪失しているからではないかと思えてくる。自分を受けとめてくれる受けとめ手、言い換えれば母の欠如に対する怒り、悲しみ、絶望、あきらめ、それらが喪失体験へと結晶するプロセスが浮かび上がってくる。

だが「萌え」の世界に没入する若者たちのすべてが実際の喪失体験を持っているとは考えがたい。むしろ逆ではないかと推測している。彼らの多くはほんとうの喪失体験をしたくないために、その不安ゆえに喪失体験を仮構しているのではないか。あらかじめ仮構の喪失体験から出発していると思えるのだ。

「いるのにいない」というふうに表される喪失体験が「萌え」の世界に集う若者たちの感受性の核をなしている、ことは確からしく思われる。だがこの喪失体験は仮構のものではないか。かくしてこういってみたくなる。「いるのにいない」という仮構の自己の存在感覚が呼び寄せる仮構された対象世界が「萌え」である、と。

ところで女子高生のハイソックスと短いスカートのあいだに現われている生の腿の部分・断片を「萌え」のひとたちは絶対領域と呼ぶ。このことを教えられたとき、頭の隅をかすめた思考があった。これまで全体と部分あるいは断片という構図で考えてきたことが実は領域性ではないだろうかという疑念である。

「萌え」は、自己領域内に仮構的に取り込んだ自分以外の存在の身体性、やや厳密に言い換えれば「他者の自己領域」の自己領域内への取り込みではないかと思えてくる。だから絶対領域という仮構なのであり、したがって性的対象でありながら、それでいて不可侵の対象なのである。このようなエロチシズムが「萌え」ではないだろうか。

自己領域という造語については以下で触れよう。

7

「いるのにいない」という喪失体験、「いるのにいない」というふうにしか感じられない自己の存在感覚が現われやすい時代背景を考えてみたい。

香山が取り上げている集団自殺とかネット心中と呼ばれている出来事について集団という言葉を使うことにも、心中という言葉を使うことにも抵抗がある。これは心中とも自殺とも決めかねる、どちらかといえば自殺であろうと考えてきたし、集団という言葉に対しては集合という言葉を用いてきた。つまり集合自殺だ。

一九九八年以降、度重なる集合自殺を高度消費資本主義社会のもたらした個人化の時代の象徴的な悲劇だと考えてきた。個人化の時代とは、人は人、自分は自分という論理が倫理にまで徹底されてきた時代のことだ。自分本位に振る舞っても誰からもどこからも掣肘を受けなくなった時代。誰もが自分のことを最優先してはばからない時代のことだ。最大の関心事が自分であるような時代のことだ。これをナルシズムという言葉でとらえるつもりはない。退行（病理）ではなく、時代精神の現われだと考えるからだ。

自他のあいだが大きく隔てられ、それゆえ個人にとってきわめて解放度の高い社会が到来したのである。だがその反面きわめて孤立感を抱きやすい、手ごたえのない希薄な状況を生み出してもいる。必然的に人と自分とのあいだに大きな隔壁が出現したのである。

そこで次のように考えてきた。個人化の時代において、個々は自己領域性として現われる、と。

自己領域内において、個々はきわめて自由に振る舞うことができる。存分に気ままにわがままに振る舞う。ケータイ電話の光景、車内の化粧をはじめとして若者たちから順次目立ち始めた傍若無人な振る舞いに対して、自己領域化現象という言葉を差し当ててきた。この造語が適切かどうかはわからないけれど、少なくともモラルを振りかざして人を裁くことから自由になれると思えた。自己領域化現象は、いまや若い人たちだけのものではない。電車内のちょっとしたトラブルは、自己領域への侵犯をめぐって生じている、そう考えてきた。

自己領域においてて世界は底なしの恣意性として作られている。どこまでいっても恣意性は恣意性を出ることができない。このことの手ごたえのなさ（受けとめ手の欠如）に個々はおびえる。ただただ自己を消費しているだけという消耗感に見舞われるようになる。個々の恣意的な振る舞いは自己領域を出ることができないからだ。ここを突き詰めていけば、自分は「いるのにいない」という自己喪失感にたどり着くのではないだろうか。

自己領域内にいること、すなわち「自分は自分、人は人」の快楽と、このような手ごたえのなさ（自己存在感の希薄・欠如＝喪失）の苦痛が引き換えになっているのだ。他者という手ごたえを得るには自己領域を出なくてはならない、つまり自己領域にあることの快楽を手放さなくてはならない。これも違った意味で苦痛である。苦痛であるだけでなく、不安でもあり、おびえでもあるだろう。自己領域を出ることには、かなりの決心とエネルギーを要するのだ。

自己領域性を生きることのジレンマといってみたい気がする。このジレンマを踏まえつつ新しく編み出されたエロスのかたちがさきほど取り上げた「萌え」ではないだろうか。エロスの対象に出会うには自己領域を出なくてはならない。だがそれはかなり億劫だし、不安でもあり、怖くもある。ここに自己領域内に自分以外の存在の身体性、あるいは自分以外の他者の自己領域性を取り込むことが模索されたに違いない。エロスの対象なのに接近はできても触れたり融合したりすることをみずからに禁じている、このジレンマが不可侵の対象としての絶対領域であり、ひいては「萌え」というエロスのあり方の本質ではないかと思えてくる。

8

ふたたび集合自殺に話を戻すならば、集団という言葉に違和感を覚え集合という言葉を使ってきた理由、心中ではなく自殺ではないかと考えてきたことの理由がここにある。彼ら彼女らは自己領域性として一人一人ばらばらであり、生前に集団という言葉にあたいするどのような共有体験も持っていない。否、いなかったと思われる。死におもむく理由もまた個別的であったに違いない。ただ、一人で死ぬには少しだけ怖いし勇気が足りない、背中を押してくれる人が必要だ、お互いの存在がお互いの背中を押し合うかたちを取れればいい。私には彼ら彼女らが集まっていっしょに死ぬことの主な理由をそこに求めているとしか思えなかった。

彼らは「いるのにいない」という自分の状況に耐えられなかった。だが同時に自己領域を出ることにもおびえていた。喪失体験をこの上にさらに積み重ねるなどということは、おそろしくてできなかったのだ。それゆえに彼ら彼女らは自己領域を出ることなく集まって、あくまで自己領域性としてばらばらに死んだ。

9

月に一度、数人の若い人たちとテーブルを囲んで議論する機会を持っていたときのことだ。一人の若者が「コンビニの前にたむろしているやつらはみな暴力的だ」と発言した。私はその発言に対し、少し乱暴すぎやしないかと注文をつけたのだ。問題はその一カ月後に起こった。「コンビニの前にたむろしているやつらはみな暴力的だ」と発言した若者が私に、「あなたに傷つけられたので、謝ってほしい」といってきたのだ。私は傷つけた覚えはないといった。彼は、あなたに私の意見を否定された、それで傷ついたと主張した。あなたに暴力で仕返しをしようと考えたが、僕は平和主義者だから、思いとどまった、といった。

待ってくれ、と私はいった。私が記憶しているのは、あなたの意見に対して少し乱暴すぎやしないかといっただけだ。腹を立てたわけでもなければ、怒鳴りつけたわけでもない。それがどうしてあなたを傷つけたことになるのか、説明してくれないか。不満や納得のいかない面があるなら、私に説明を求めるべきだし、さもなければみんなに諮ってもう一度、その件に関して議論したいというように提案するのが筋ではないか。――これ以上細部は書かないが、話し合いは平行線を辿っただけだった。

このことからわかったことが二つあった。一つはコンビニの前にたむろする暴力的な連中と自分とをわけて、自分を非暴力的な平和主義者だと位置づける彼の二分法によれば、私はコンビニの前にたむろする暴力的な連中を擁護する点で彼ら暴力的な連中と変わらないというわけだろう。平和主義者の自己と暴力に汚れた他者の分断・隔離。平和主義者というピュアな自己の仮構の一つの現われをここに見る。

もう一つは議論の場という「公共性」の観念が彼の中に成立していないということだった。話し合いという「公共の場」での発言が、いつの間にか彼と私との私的な一対一の場でのやりとりにすりかえられていたのだ。その場に居合わせた数人の若者たちはみな、たんなる傍観者をきめこんだ。この態度にも驚いた。吉本隆明の言い方を借りれば、共同の場と対の場と個人の場のそれぞれの境界が溶けてしまっているのだ。自己領域性を生きるものに特有の論理とパフォーマンスを前に、気をつけなければ、と肝に銘じた。いつの間にか、彼にとって私は彼の自己領域を無断で侵犯した者とみなされていたのだ。すべてが彼の自己領域をめぐって起きた出来事になってしまった。このことに気がついたとき、彼との話し合いを続けることは不毛だと悟ったのである。

このことから得た教訓は、あらかじめ「公共性」などというものはないというものであった。あるのは人の数だけの自己領域性だけであって、その自己領域性を開こうとするときにのみ、「公共性」の契機が現われるものと考えるようになったのである。

10

香山が示した若者たちの「生きづらさ」に接続させてみたい視点がある。若者になる手前にいる子どもたちの置かれている現実である。

いまの子どもたちが示す生のパフォーマンスの根源にあるテーマを「さしあたって生きる」という言葉でもってとらえてみせたのは、中学の教員を三十年以上にわたって続けてきた琴寄政人である（『学校をゲームする子どもたち』三交社、二〇〇五年)。

「さしあたって生きる」という把握にはどこかぴんとくるものがある。

琴寄は、中学生の子どもたちが頻繁に使う「普通」という言葉には二通りの使い方があることを述べている。第一は、「さしあたって生きる」ということをしていく上で、言い換えれば日々の学校での「繰り返しの生活」の中で、この「普通」なる反応は子どもたちの役に立っている、というのだ。つまり、学校での日常を差し障りなくすごしていくための言葉が必要になっており、それが「普通」だというのである。たとえば、琴寄は学校における朝の教員と生徒のやりとりを挙げている。

「元気?」

「普通」

「昨日何してた?」

「普通」

こうした「普通」なる反応を琴寄は、相手との距離を保ち、なおかつ「論評を拒否する」という積極的な姿勢だととらえる。

ここまでは誰にでもわかる。琴寄はここから一歩を踏み出す。こういう立ち入り拒否の反応になるのはもっと根底が、切迫した、余裕のない気分に支配されているからだと述べる。どういうことかというと、日々の学校生活を「さしあたって生きる」ことに、言葉を変えれば差し障りなくこなしていくのに常に元気である必要はないし、まして昨日何してたかなどということがどうして今と関係があるのかという気分が支配しているというのだ。要するに疲れさせるなよ、こっちは大変なんだということだろう。こうして「普通」という言葉の独特な妙にリアルな用法が編みだされてくる。

琴寄は、「普通」のもう一つの意味を取り出している。子どもたちは極度に「目立つ」ことを恐れているというのだ。「その状態、つまり目立たない状態を保つことが不可能になると、逆に目立つ行動に出る。子どもたちが称するところの『壊れた』状態である。『普通』は、自分が突出した状態になることを防ぐ道具なのだ」というのである。「普通」が「いるのにいない」という自己の存在の仕方であることがわかる。続けて琴寄は次のように述べている。

子どもたちのストレスは極限だな、と思うことがしばしばある。どういうときにそう思うかというと、たとえば、ひととき掲示物を眺めていた生徒が急に、これはまずいとでも思ったか、傍らのグループの会話に入ろうという姿勢を見せたりする、そんなときであると。琴寄の温かいまなざしが子どもの抱える「生きにくさ」の現在を鮮やかにつかみとっている。解釈してみると、この生徒は、ふと自分が見られている存在であることを忘れて無防備に自己をさらしていることにはっと気づいた。すぐにこれはまずいという思いに迫られ、突出し露出してしまった本当の自己を素早く引っ込めて、グループに自己を溶け込ませた。自分を消したのだ。こうすることによって「いるのにいない」状態を作り出すことができた。生徒にほっとしたという安堵感が戻った。こういうことになるだろう。

琴寄にはこうした自己消去の動きを、ストレスが極限にまできている徴とみた。子どものこの一見何気ない行動が語っているのは，自分が露出し、人目にさらされることへの不安であり、見られていることへの恐れである、と琴寄は把握したのである。

さきほどの中村うさぎが整形で得ることができるのは自信ではなく、安堵だといった言葉が、こんなところまで反響してきているのを感じる。中村が整形という自己の解離を安堵と感じるのは、子どもたちの状況に照らしてもよくわかる。

11

安堵という言葉が先の子どもたちの気分を言い当てている。子どもたちは安堵という状態が欲しくて仕方がない。子どもたちが安堵という心の状態からいかに遠いところにいるか。

子どもたちは「さしあたって」生きなくてはならない。だがこのさしあたってには条件がつけられている。すなわち、目立たないようにという条件が。だからこうなる。子どもたちはさしあたって目立たないように、すなわち「いるのにいない」ように生きなければならない。自己を消去して透明な存在と化すこと。一人でいることは透明でなくなり、目立ってしまう危険性がある。そうなったときの恐怖が、子どもたちを圧倒していることを感じる。

以下は学校の中での実際の友だち関係についての子どもたちの声である。自分が周囲にどう見られているのか、嫌われていないか心配で仕方がないといった、安堵を奪われた状態が浮かび上がってきている。琴寄にならえば、子どもたちのストレスはこの点でほぼ極限に達している。以下は小学生の実際の声である。決して少数の声をことさら拾ったものではないことを断っておく。

・「友だちに陰でひそひそされている」

・「同じクラブの同級生たちが、ときどきないしょ話をしている、自分のことを言っているんじゃないかと不安になる」
・「クラスメートが、私のほうを向いてこそこそ話している」
・「誰かがときどき私の悪口を言っているような気がする。誰かが友だちに私のことを好きか嫌いかを聞いてまわっているような気がする」
・「友だちに悪口を言われているかもしれない。友だちに嫌われていそうで、学校に行きたくない」
・「みんなが私を嫌っているのかな？　本当のことをわかりたい」

透明な自己となりおおせているつもりなのだが、もしかしたら自己領域性の皮膜が破れ、「私」が露出し、みんなに見られているかもしれないという不安が、妄想的なかたちをとって子どもたちをとらえていることがわかるだろう。

友だちはいまや安心の対象、信頼の対象ではなく、自分の安堵のために何を措いてもまっさきに配慮しなければならない対象である。自分を守るために自分を消すのである。だが安堵への希求が昂じて不信やおびえにまでいたってしまっている。安堵を保てないとき、バトルロワイアル状況が露出してくる。二〇〇四年六月、佐世保で十一歳の少女が仲良しだった同級生の少女の首を、リストカットにこそふさわしいカッターナイフを使って殺害するという、類例のない事件が起きた。無二の親友であった二人に何が起きたのか。どうして短期間のうちに殺したくなるほどの憎悪に包まれてしまったのか。二人の関係の背後に見えたのは、表向き仲良しにみえる友人関係の裏側にある深い相互不信の渦であった。今にも心的な殺し合いがはじまり、この心的な殺し合いは最後の一人になるまで続くであろうという恐るべき不安が子どもたちを支配していると思えた。これをバトルロワイアル状況と名づけてみたいと思った。

子どもたちは学校でへとへとになっている。学校で喪失した自分を取り戻すのに、子どもたちは家に帰ってそれぞれのパフォーマンスを見つけざるを得ない。熱いシャワーを一時間も浴び続ける子ども。着て行ったものをすべて洗濯機に放り込む子ども。帰宅すると必ず一ぐずりしないではいられない子ども。ぐずりを越えて一荒れしてしまう子ども。昏々と眠ってしまう子ども。たまらなくなって不登校する子どもたちの姿がこの少し先に見えてくる。リストカットもこのようにして消去し、喪失してしまった自分を取り戻すための行為として位置づけることができよう。

「いるのにいない」という存在感覚に耐えられなくなっているのだ。「切っていないと自分ではないような感じだから切る」という人。リストカットは「私はここにいます」というメッセージと言い切る人。

だが切ったからといって、必ずしも痛みというかたちとなって存在感覚が戻ってくるわけではない。リストカットする若者たちの中には、痛みを感じないという人たちが少なくない。「いるのにいない」というあり方がもたらす存在感覚の剥離が痛みを奪っているのに違いない。

では何が自分を感じさせてくれるのか。手首や腕や胸などを傷つけたときに流れ出る血が今ここにいる自分という事実を告げてくれるのであり、生きようとする意欲をもたらしてくれると語る人たちがいる。リストカットを含めた自傷行為の多くが、自殺企図を意味しないことは知られている。こういう若者から自傷行為を取り上げることはかえって、存在感覚を確認する手だてを奪うことにつながってしまう。彼らをより危険な行動へと追い詰め、ときに自殺に追い込んでしまうということが起こりうる。

痛みはどんなふうに回復するのだろうか。香山は論考の中に自傷行為の最中に部屋に入ってきた愛犬に傷口を舐められたとたん「〝素〟に戻り痛みを感じた」という少女の話を紹介している。切ることが〝素〟に戻る通路になっていないのだ。愛犬に舐められるという思いがけない事態に見舞われたとき少女のからだが痛みを感じたということは、〝素〟に戻る通路が愛情であることを示唆している。痛みがよみがえるのは、愛犬の無心の愛情行為に自分の「生きづらさ」の表出が受けとめられているという感覚をとおしてである。むろん愛犬は母親であったり父親であったりすればもっと望ましい事態である。親に見捨てられているという思い、親が「いるのにいない」という現実が消えていくのなら、それと逆に痛みが戻ってくる。痛いという感覚が生じたのは自分と身体がつながったからであり、自分の身体の主人公に自分がなったということを意味している。

痛みを感じることができれば、痛い行為である切るというパフォーマンスから遠ざかっていくきっかけになる。なぜなら「いるのにいない」という自己喪失状態が消失していくのだから。

リストカットは女の子のあいだで低年齢化し、通過儀礼的な意味しかもたなくなったという指摘がある（小国綾子『リストカットの少女たち』講談社）。通過儀礼的な意味にまで行為のボルテージが下がっているということ、つまりリストカットに走ることからためらいが消え、日常化しているということであろう。自己回復の試みは習慣化すれば儀式の様相を帯びる、強迫神経症の人の反復行為が儀式化するのと同様に。自虐性の強いパフォーマンスを好んで若い人たちがとりはじめたということは、強度の自己喪失という代償をともなわずに「さしあたって生きる」ことが困難になったことを物語っているのである。

「さしあたって生きる」には、子どもたちは自分を極力消そうとして生きるしかない。「いるのにいない」というふうに自分を作るしかない。そうしなければ安堵が訪れることはない、子どもたちは、若い人たちも、そう信じている。だが安堵は容易に訪れそうにない。こうして子どもたちは不可避的に防護柵として自己領域性を形成しようとする。自己領域を形成し、その内側深く本当の自己を隠し、表層においてもう一つの自己を透明性として仮構する。そしてこの仮構した透明な自己をもってクラスメートの輪の中に溶け込んでいくのである。琴寄が挙げた子どもたちの「普通」という反応をこのようなものとして理解する。香山のいうところの「生きづらさ」は、こうした子どもたちの状況と地続きであるように思えてならない。

12

「いるのにいない」。このような自己喪失状況あるいは自己解離状態に置かれた場合、自分の身体、自分の性、自分の命、自分の人生の主人公になることができないということが生じる。人生にお客さんの意識しか持つことができない。人生を自分が主人公であり、自分が動かなければ何もはじまらないのだというふうに思うことができない。生きてやっているという感覚。いつも何事につけても自分は自分のお客さんでしかないのだ。それはしばしばやりきれないほど無責任な振る舞いとして人の目に映る。香山が関心を寄せるのは、このような自分の主人公に自分がなれない若者たちである。以下に香山が紹介している若者たちの行動のどの場合にも、解離の解消を目的としていながら解離は解消されるのではなく、それどころか新たな自己防御の手段として使われるようになっている。解離は反復されている。「いるのにいない」という自己喪失状態を打ち消すはずの行動が新たな自己喪失状態へと向かわせるのである。混迷が深まっているように思えるのだ。

たとえば「これが私だ」という自己肯定感を改めて獲得したいばかりに、自分の身体に徹底的に改造を加え、改造した身体を「新たな自分」として再認識しようとする若者たちがいる。ところでせっかく手に入れた「新たな自分」が周囲から予想通りの反応を得られなかったらどうするのか。そうした危機に直面したときの処理方法を彼らは用意している。解離のメカニズムを作動させることだ。「どうせ元の自分じゃないし」というように〝他人事〟を装えばいい。言い換えれば「新たな自分」を捨て、「いるのにいない」状態に戻ればいいというわけだ。

自分の身体の主人公になれない若者たちの隣りに、自分の命なのに自分が主人公になれない若者たちがいる。たとえば「くじ引き」型の自殺を企てる若者たちである。彼らは「結果がどちらに転ぶか、私の知るところではない」とばかりにリストカットやＯＤ（大量服薬）を前後の文脈とはあまり関係なく不意に行ってみせる。かと思うと、他者を傷つけるような行為をしたのに、まるで計算したかのような絶妙のタイミングで解離のメカニズムを働かせ、「私ではなくもうひとりの私がやった」「自分がやったという実感がない」「どうせ私には関係のないこと」と淡々とした表情で語る若者たちがいる。両者は表と裏であり、どちらも「いるのにいない」という自分のあり方を反復している。

若者たちのこうした一見理解不能に思える行動には、共通した動機があると香山は述べる。すなわち「それらの行動は『自分を消したい。そして、新しい自分を手に入れ、失った自己肯定感や自尊感情を手に入れたい』という彼らなりのパフォーマンスなのだ」。「命がけのサイレント・パフォーマンスであることを私たちは知るべきだ」と。

命がけの向こうにはたして何が見えるのかわからない。ともあれ「命がけの」という表現に私はうろたえるほどうたれたのである。

〈執筆者紹介〉

香山 リカ（かやま りか）

1960 年　北海道生まれ。

帝塚山学院大学人間文化学部教授。

専門は精神医学。

著書に、『いまどきの「常識」』（2005 年、岩波新書）、『テレビの罠』（2006 年、ちくま新書）など。

下斗米 淳（しもとまい あつし）

1961 年　東京生まれ。

専修大学文学部教授。

専門は、社会心理学と教育心理学。集団動態や対人関係の親密化過程に関わる理論化と、人の自己（self）変容・発達メカニズムの検討を通して、人の社会的な適応を促進あるいは阻害させる原因を実験心理学の立場から解明することが研究の中心テーマ。

著書に、『経営産業心理学パースペクティブ』（1996 年、誠信書房）、『自己の社会心理』（1998 年、誠信書房）、『社会心理学――個人と集団の理解』（1999 年、ナカニシヤ出版）、『社会心理学の基礎と展開』（2003 年、八千代出版）、『図説現代心理学入門』（2006 年、培風館）（いずれも共著）など。

貫　成人（ぬき しげと）

1956 年　神奈川県生まれ。

東京大学大学院哲学専修博士課程満期退学　文学博士（東北大学）。埼玉大学教養学部助教授を経て、現在専修大学文学部教授。

現代哲学、歴史理論、舞踊研究を専攻。

著書に、『経験の構造――フッサール現象学の新しい全体像』（勁草書房）、『図解・雑学哲学』（ナツメ出版）、『哲学マップ』（ちくま新書）など。

芹沢 俊介（せりざわ しゅんすけ）

1942 年　東京生まれ。

社会評論家。

著書に、『現代〈子ども〉暴力論』『母という暴力』（いずれも春秋社）、『引きこもるという情熱』（雲母書房）など。

はんらんする身体

2006年7月15日　第1版第1刷発行

著　者　香山リカ・下斗米淳
　　　　貫　成人・芹沢俊介
発行者　原田　敏行
発行所　専修大学出版局
〒101-0051 東京都千代田区神田神保町3-8-3
㈱専大センチュリー内
電話 03 (3263) 4230 ㈹
組　版　木下正之
印刷・製本　電算印刷株式会社

Printed in Japan　ISBN4-88125-178-3